GW00457924

DZWONIĄCE CEDRY ROSJI

„Nie istnieje w żadnej galaktyce
struna zdolna wydać
piękniejszy dźwięk
niż dźwięk pieśni
Duszy ludzkiej".

Anastazja

Władimir Megre

STWORZENIE

*„Czy w księgach, które docierały do nas poprzez wieki,
istnieje bardziej żywy obraz Boga niż w tej książce
— sami rozstrzygnijcie, drodzy Czytelnicy"*

Poznań 2005

Tytuł oryginału: **СОТВОРЕНИЕ**
Przekład z języka rosyjskiego: Anna Kreuschner
Projekt okładki: Andrzej Laszak (Wydawnictwo Ravi)
Skład: Wydawnictwo WiS, Poznań
Druk: Drukarnia Narodowa, Kraków

Wszelkie prawa zastrzeżone. Żadna część tej publikacji nie może być po-
wielana ani rozpowszechniana za pomocą urządzeń elektronicznych,
mechanicznych, kopiujących, nagrywających i innych, bez uprzedniego
wyrażenia zgody przez właściciela praw.

© Владимир Мегре / Władimir Megre, 2000
© Copyright for the Polish edition by Anna Kreuschner

ISBN 83-915157-9-6
Wydanie 2, Poznań 2005

Wydawnictwo WiS, Poznań

Adresy dla korespondencji:

Anna Kreuschner
ul. Ofiar Katnia 5/5
64-100 Leszno
tel. 0503 091 425
emial: cedr-dolmeny@wp.pl

Centrum Terapii Naturalnych
„Twój Talizman"
Rynek 32
63-400 Ostrów Wlkp.
tel. 062 735 44 26
www.twojtalizman.pl
email:talizman.osw@wp.pl

Dystrybucja: Grupa A5 sp. z o. o.
90-353 Łódź, ul. J. Kilińskiego 169, tel/fax (0-42) 676-49-29
e-mail: handlowy@grupaA5.com.pl

STWORZENIE

księga IV

TO WSZYSTKO ISTNIEJE I DZISIAJ!

— Opowiem ci o stworzeniu świata, Władimirze, a wtedy każdy sam w sobie odkryje odpowiedź na swoje pytania. Proszę, wysłuchaj mnie i napisz o wielkim Stwórcy Stworzeniu. Posłuchaj i Duszą zrozumieć spróbuj dążenia Boskiego Marzenia.

Anastazja wypowiedziała te słowa i w zwątpieniu umilkła. Patrzy na mnie i milczy. Przypuszczam, że jej niepewność zrodziła się z tego, iż spostrzegła lub wyczuła moje niedowierzanie w jej wiedzę o Stworzeniu, o Bogu. Właściwie to dlaczego u mnie lub u kogoś innego nie mogłaby się pojawić nuta niepewności? Przecież wiele może sobie zmyślić żarliwa pustelnica! Nie ma w swoim posiadaniu żadnych dowodów historycznych. Jeżeli ktoś mógłby mówić w sposób udowodniony o przeszłości, to tylko historycy lub archeolodzy, a o Bogu przecież opowiada Biblia oraz rozmaite księgi innych wyznań. Dlaczegóż jednak mówi się tam na tak odmienne sposoby o Bogu? Czy nie dlatego, że niezbitych dowodów nikt nie posiada?

— Są dowody, Władimirze — nagle stanowczo i ze wzruszeniem w głosie odpowiedziała Anastazja na moje nie wypowiedziane pytanie.

— A gdzież są?

— Wszystkie dowody, wszystkie Prawdy wszechświata są zachowane w każdej Duszy ludzkiej na wieki. Niedokładność, fałsz nie mogą żyć długo, ponieważ Dusza je odrzuca. Oto dlaczego podsuwa się człowiekowi mnóstwo różnych traktatów. Kłamstwu są potrzebne wciąż nowe i nowe oblicza. To dlatego ludzie ciągle zmieniają system społeczny. Przez cały czas starają się odnaleźć w nim zaginioną prawdę. Jednak oddalają się od niej coraz bardziej.

— Kto i jak udowodnił, że prawda znajduje się wewnątrz każdego? W duszy albo jeszcze gdzieś indziej w człowieku? A jeżeli nawet istnieje, to dlaczego się ukrywa?

— Jest wręcz odwrotnie, ona każdego dnia stara się ukazać naszym oczom. Życie wieczne dookoła oraz wieczność życia przez Prawdę zostają stworzone — Anastazja nagle schyliła się ku ziemi, dłonią musnęła trawę i wyciągnęła ją do mnie.

— Popatrz, Władimirze, być może one rozproszą twoje wątpliwości.

Spojrzałem i zobaczyłem na wyciągniętych dłoniach nasiona trawy, mały orzeszek cedrowy oraz pełzającego robaczka.

— I jakie to wszystko ma znaczenie — zapytałem — taki na przykład orzech?

— Popatrz, Władimirze, całkiem maleńkie ziarenko, a jeśli wsadzić je do ziemi, cedr wyrośnie wielki. Nie dąb, nie klon, nie róża, ale wyłącznie cedr. Cedr ponownie zrodzi takie same ziarenka i znowu będzie w nim zawarta, jak w tym pierwszym, cała informacja pierwotnych źródeł. Jeżeli miliony lat wstecz lub naprzód takie ziarenko zetknie się z ziemią, to zawsze tylko cedr z niego się narodzi. Do niego, do każdego ziarenka Bożych stworzeń doskonałych Stwórca wprowadził całkowitą informację. Mijają miliony lat, jednak informacji Stwórcy nie daje się wymazać. Również człowiekowi — najwyższemu stworzeniu — wszystko zostało dane przez Boga. W momencie stworzenia we wszystkie Prawdy i przyszłe wszystkie zdarzenia ukochane dziecko wyposażył ojciec, wielkim marzeniem natchniony.

— Ale jak tę prawdę w końcu wydobyć? Skąd ją wyciągnąć? Może z nerek albo serca, lub z mózgu?

— Z uczuć. Przez swoje uczucia spróbuj określić prawdę. Zaufaj im. Uwolnij siebie od materialistycznych postulatów.

— No, dobrze, jeżeli już wiesz, to mów. Być może poprzez uczucia ktoś będzie w stanie cię zrozumieć, na przykład co to jest „bóg"? Czy naukowcy mogliby określić go jakąś definicją?

— Definicją naukową? Ona swoją długością nie raz owinie ziemię. A kiedy skończy się jedna, to narodzi się następna. To, co nam się w myślach rodzi, nie umniejsza Boga. On jest ponad to wszystko. On jest opoką i próżnią, i tym, czego nie widać. Nie ma sensu starać się go pojąć rozumem.

8

Wszystkie definicje ziemi, całą informację wszechświata w tym małym ziarenku duszy swojej ściśnij i w uczucia przemień, a uczuciom daj rozkwitnąć.

— Ale co ja powinienem odczuwać? Mów prościej, jaśniej, konkretniej.

— O, Boże, pomóż! Pomóż mi! Tylko z dzisiejszej kombinacji słów stworzyć odpowiedni, godny obraz.

— No, proszę, teraz zabrakło słów! A nie byłoby lepiej, gdybyś na początek poczytała słownik językowy? Tam są wszystkie słowa, których używamy.

— Współczesne są wszystkie. Jednak nie ma w tej książce słów, którymi twoi dziadowie opisywali Boga.

— Masz na myśli wyrazy starosłowiańskie?

— Wcześniejsze też. Przed starosłowiańską mową istniał sposób, którym ludzie potomnym myśli swoje przekazywali.

— O czym ty mówisz, Anastazjo, przecież piśmiennictwo pochodzi od dwóch chrześcijańskich mnichów. Nazywali się... Jak oni się nazywali? Zapomniałem...

— Cyryl i Metody, czy ich masz na myśli?

— No tak, przecież oni stworzyli pierwsze piśmiennictwo.

— Prawdę mówiąc, zmienili jedynie piśmiennictwo naszych ojców i matek.

— Jak to: zmienili?

— Na rozkaz, żeby na zawsze słowiańska kultura została zapomniana. Reszta wiedzy Pierwotnych Źródeł z pamięci ludzkiej zniknęła, a nowa się kultura narodziła, żeby innym kapłanom narody zostały podporządkowane.

— Ale co ma piśmiennictwo do nowej kultury?

— To tak, jakby dzisiaj uczyć dzieci mówić i pisać w obcym języku, a w ojczystym zabraniać rozmawiać. Powiedz, Władimirze, skąd o dniu dzisiejszym dowiedziałyby się twoje wnuki? Bardzo łatwo pozbawionym wiedzy o przeszłości nowe nauki wpajać, by jako wartościowe je traktowali. I wtedy cokolwiek o przodkach można im wmówić. Zniknął język i z nim zniknęła kultura. Taki był zamiar. Jednak nie wiedzieli ci, którzy

9

taki cel sobie postawili, że ziarno prawdy na zawsze zostało zasiane w duszy ludzkiej. Wystarczy mu napić się czystej kropli rosy, aby zakiełkować i zmężnieć. Popatrz, Władimirze, przyjmij, proszę, słowa moje, poczuj, co stoi za nimi.

Anastazja mówiła, to powoli wypowiadając słowa, to szybko wyrzucała całe frazy, to nagle zamyśliła się na chwilę i wtedy przeciągnięte i niezwykłe naszej mowie zdania jakby z przestrzeni wyciągała. A czasami nagle w jej mowę wplatały się niezrozumiałe dla mnie słowa. Za każdym razem, kiedy się to zdarzało, od razu łapała się na tym i zamieniała na prawidłowe lub przynajmniej na bardziej zrozumiałe. I wciąż coś próbowała mi udowodnić, mówiąc o Bogu.

— Wszystkim wiadomo, że człowiek jest stworzony na obraz i podobieństwo Boga. Ale pod jakim względem? Gdzie są w tobie charakterystyczne cechy Boga, czy kiedykolwiek się nad tym zastanawiałeś?

— Nie, jakoś się nie składało, lepiej sama o nich opowiedz.

— Kiedy po codziennej krzątaninie zmęczony człowiek kładzie się do snu, kiedy przestaje odczuwać rozluźnione ciało, kompleks niewidocznych energii, wtedy jego drugie „ja" częściowo opuszcza ciało. W tym momencie dla nich ziemskie granice przestają istnieć. Ani czas, ani odległość nie mają dla nich znaczenia. Twój umysł krócej niż mgnienie pokona każdy przedział wszechświata. A kompleks uczuć zdarzenia z przeszłości lub te, co dopiero będą, odczuwa, analizuje, do dnia dzisiejszego przymierza i marzy. To świadczy o tym, że człowiek doświadcza nieogarnionego wszechświata nie tylko przez ciało. Jego myśl, podarowana mu przez Boga, tworzy. I tylko myśl człowieka jest zdolna do stwarzania światów innych lub zmieniania już stworzonych. Czasami bywa tak, że człowiek we śnie krzyczy, czegoś się przestraszy. To jego czyny, minione lub przyszłe, wywołują lęk w kompleksie jego uczuć wolnych od ziemskiej krzątaniny. Bywa tak, że człowiek podczas snu tworzy. Wytwory jego myśli powoli lub bardzo szybko starają się urzeczywistnić w ziemskich bytach. Albo przyjmują formę szpetną, albo rozświetlają się harmonią częściowo lub całkowicie. Zależy to od tego, w jakim stopniu natchnienie uczestniczyło w tworzeniu człowieka. Na ile precyzyjnie i dokładnie wszystkie aspekty w momencie stwarzania będą uwzględnione, na tyle natchnienie wzmocni twoje Boskie „ja". W całym wszechświecie tylko Bogu jedynemu i Synowi Boga — człowiekowi możliwość tworzenia jest przeznaczona.

Początkiem wszystkiego jest Myśl Boga. W żywej materii jego marzenie jest urzeczywistnione. Również czyny ludzkie wpierw myśl poprzedza ludzka i marzenie. Wszyscy ludzie na ziemi posiadają równe możliwości tworzenia, tylko każdy je wykorzystuje na swój sposób. Wolność całkowita i w tym również ofiarowana jest człowiekowi. Istnieje wolna wola! A teraz, Władimirze, powiedz mi, co się dzisiaj śni dzieciom Boga? Na przykład tobie, twoim przyjaciołom, znajomym? Do czego oni wykorzystują swoje twórcze marzenia? Do czego wykorzystujesz je ty?

— Ja? No... Jak to do czego? Tak jak wszyscy, staram się zarobić jak najwięcej pieniędzy, żeby w życiu być ustawionym. Samochód miałem niejeden. Wiele innych rzeczy niezbędnych do życia, niezłe meble na przykład.

— I to wszystko? Tylko do tego wykorzystywałeś swoje, Bogu jedynie należne, twórcze marzenie?

— Wszyscy je tak wykorzystują.

— Jak wykorzystują?

— Oczywiście do robienia pieniędzy! Bez nich przecież ani rusz. Ubrać się na przykład w przyzwoite ubrania, zjeść coś porządnego, coś kupić, wypić, przecież to jasne. A ty pytasz: „do czego"?

— Zjeść... wypić, Władimirze, zrozum wreszcie, wszystko to pierwotnie wszystkim było dane nawet w nadmiarze.

— Było dane? To gdzie to się potem podziało?

— A jak myślisz, gdzie?

— Po prostu myślę że te pierwotne ubrania się znosiły, rozpadły, a całe pożywienie to już ludzie zjedli bardzo dawno temu. Teraz są inne czasy, inna moda i zmieniły się gusty, jeżeli chodzi o jedzenie.

— Władimirze, Bóg niezniszczalne odzienie dał Synowi swojemu, a zapasy pożywienia tak duże, że nigdy nie zostałyby wyczerpane.

— No, dobrze, to gdzie to wszystko teraz jest?

— To wszystko jest zachowane i istnieje do dzisiaj.

— To zdradź mi, gdzie? Jak zobaczyć te skrytki, w których tyle zapasów przechowywanych jest do dzisiaj?

— Zaraz zobaczysz. Tylko patrz swoimi uczuciami. Tylko przez uczucia zdołasz poznać sedno stworzenia boskiego marzenia.

POCZĄTEK STWORZENIA

Wyobraź sobie początek. Jeszcze nie było Ziemi. Jeszcze materia nie odbijała światła wszechświata. Jednak tak jak teraz wszechświat był wypełniony wielkim mnóstwem różnych energii. Żywe istoty energii w ciemności myślały i w ciemności tworzyły. I nie potrzebowały światła zewnętrznego. Wewnątrz siebie same sobie świeciły. W każdej było wszystko — i myśli, i uczucia, i energia dążenia. Jednakże różniły się między sobą. W każdej istocie jedna nad wszystkimi innymi energiami dominowała. Tak samo jak dzisiaj, jest we Wszechświecie istota niszcząca i istota dająca życie. I wiele odcieni różnych uczuć, podobnych do ludzkich, było w tych istotach. Ze sobą, w żadnym wypadku, istoty Wszechświata kontaktować się nie mogły. Wewnątrz każdej istoty energetycznej siła albo gasła, albo wytwarzała błyskawiczny ruch. Wewnątrz siebie tworzyły i jednocześnie wewnątrz siebie niszczyły. Pulsacja ta nie zmieniała Kosmosu, dla nikogo nie była widoczna i każda z osobna uważała, że jest jedyna w przestrzeni. Sama! Nieświadoma swojego przeznaczenia nie pozwalała uczynić niezniszczalnym swojego tworzenia, które mogłoby wszystkim przynieść satysfakcję. Właśnie dlatego w bezczasie i bezkresie istniała tylko pulsacja i nie było wspólnego ruchu. Nagle jak impulsem dotarła do każdego świadomość istnienia innej energii! Jednocześnie do wszystkich w bezkresie Wszechświata. Wśród kompleksu żywych energii jedna nagle oświetliła inne. Kompleks ten był stary lub bardzo młody, nie można tego określić zwykłymi słowami. Z próżni powstał lub z iskier wszystkiego, o czym tylko można pomyśleć, ale nie to jest ważne. Ten kompleks był bardzo podobny do człowieka! Do człowieka, który dzisiaj żyje! Był podobny do jego drugiego „ja". Nie materialnego, lecz wiecznego, świętego. Jego dążenia energii i żywe marzenia po raz pierwszy zaczęły delikatnie muskać wszystkie istoty we Wszechświecie. On sam był tak żarliwy, że wszystko wprawił w ruch uczuć. Po raz pierwszy zabrzmiały we Wszechświecie dźwięki obcowania. Gdyby te pierwsze dźwięki przetłumaczyć na nowoczesne słowa, to moglibyśmy poczuć sens pytań i odpowiedzi. Ze wszystkich stron nieobjętego Wszechświata jedno pytanie powtarzane przez wszystkich dążyło do Niego: Czego tak żarliwie pragniesz? — dopytywali się wszyscy. A on odpowiedział pewny swego marzenia:

— Wspólnego tworzenia i radości dla wszystkich z unaocznienia jego.

— A co może wszystkich obdarzyć radością?

— Rodzenie!

— Rodzenie czego? Każdy jest samowystarczalny już od dawna!

— Rodzenie, w którym będą istniały wszystkie cząsteczki!

— Jak można zjednoczyć wszystko, co niszczy, i wszystko, co tworzy?

— Trzeba wpierw zbilansować w sobie przeciwległe energie!

— Ale kto ma taką moc?

— Ja.

— Wszak istnieje jeszcze energia wątpliwości. Zwątpienie zwiedzie cię i zniszczy, na maleńkie cząsteczki rozerwie ciebie całego mnóstwo różnych energii. Nikt nie będzie mógł utrzymać razem przeciwności.

— Istnieje również energia pewności. Kiedy pewność i wątpliwość będą sobie równe, pomogą precyzyjności i piękności w przyszłym stwarzaniu.

— Jak sam siebie możesz nazwać?

— **Jam jest Bogiem.** Do siebie cząsteczki wszystkich waszych energii będę mógł przyjąć. Ja się utrzymam! Ja stworzę! Dla całego Wszechświata radość przyniesie stworzenie!

Z całego Wszechświata wszystkie istoty jednocześnie wstrzeliły w Niego wiązki energii. I każda nad wszystkimi starała się dominować. W taki sposób rozpoczęła się wielka walka wszystkich energii wszechświata. Nie istnieje taki wymiar czasu ani wymiar przestrzeni, aby móc scharakteryzować skalę tej walki. Pokój nastąpił dopiero wtedy, gdy do wszystkich dotarła świadomość, że nic nie może być wyższego i mocniejszego od jednej energii Wszechświata — energii boskiego marzenia.

Bóg władał energią marzenia. Udało mu się wszystko do siebie przyjąć, wszystko zrównoważyć i poskromić, i rozpoczął tworzenie. Ale najpierw w sobie zaczął tworzyć. Tworząc w sobie przyszłe istoty, dopieszczał każdy detal z prędkością, której nie można określić. Przemyślał współdziałanie ze wszystkim dla każdego swojego stworzenia i uczynił wszystko sam jeden. Sam jeden w ciemności nieobjętego Wszechświata. Sam w sobie przyspieszał ruch wszystkich energii. Niewiedza wyniku budziła trwogę we wszystkich i oddalała od Stwórcy. Stwórca znalazł się w pustce. A pustka się rozszerzała.

Panował śmiertelny chłód. Lęk i wyobcowanie otaczały Stwórcę, ale on widział już piękne świty i słyszał śpiewy ptaków, czuł aromaty kwiatów. Swoim żarliwym marzeniem sam jeden tworzył wspaniałe stworzenie.

— Zatrzymaj się — zwracano się do niego — jesteś w próżni, za chwilę wybuchniesz! W jaki sposób utrzymujesz w sobie tyle energii? Przecież nic nie pomaga ci ich ścisnąć! Twoim udziałem jest tylko wybuchnąć. Jeżeli masz choćby chwilę, to zatrzymaj się! I powoli wypuść swoje tworzące energie.

Lecz on odpowiedział:

— Moich marzeń nigdy nie zdradzę! Dla nich będę nadal ściskał w sobie i przyspieszał swoje energie. Moje marzenia? W nich widzę w trawie, wśród kwiatów, pędzącą mrówkę. Widzę, jak podczas śmiałego lotu orlica uczy latać swoich synów.

Swoją nieznaną energią Bóg przyspieszał w sobie ruch energii całego wszechświata. W jego duszy natchnienie ściskało je do małego ziarenka. I nagle poczuł dotyk. Ze wszystkich stron, wszędzie oparzyła go nieznana energia i w tym samym momencie oddaliła się, ogrzewając go na odległość swoim ciepłem, napełniając jakąś nową siłą. A wszystko, co było próżnią, wypełniło się światłem. I dźwięki nowe usłyszał Wszechświat, kiedy pieszczotliwie zapytał zachwycony Bóg:

— Kim jesteś, Energio, jaka jesteś?

A w odpowiedzi usłyszał śpiewne słowa:

— Energią miłości i natchnienia jestem ja,
   Obecna we mnie jest maleńka cząstka twa,

Energiom pogardy, nienawiści i okrucieństwa
Sama jestem zdolna się oprzeć.
Ty, Boże, energia twoja — Duszy twojej marzeniem,
To wszystko w harmonii znalazło spełnienie.
I jeśli pomogła w tym cząstka moja
To wysłuchaj mnie, Boże,
I pomóż mi, proszę.
— Czego pragniesz? Dlaczego dotknęłaś mnie całą mocą swego ognia?
— Zrozumiałam, że jestem miłością. Nie mogę być jedynie małą cząstką... chcę pogrążyć się całą pełnią w Twojej duszy. Jestem pewna, że aby nie zniszczyć harmonii dobra i zła, nie wpuścisz mnie zupełnie. Ale ja wypełnię sobą otaczającą Ciebie próżnię. Ogrzeję wszystko wewnątrz i wokół Ciebie. Chłód Wszechświata oraz mgła już Cię nie dosięgną.
— Co się dzieje? Co? Jeszcze silniej zajaśniałaś!
— To nie tylko ja. To Twoja energia! Twoja dusza! Ona we mnie tylko się odzwierciedla i odbitym światłem do Ciebie powraca.
Odważny i zdeterminowany wykrzyknął Bóg Miłością natchniony:
— Wszystko przyspiesza. Burzy się we mnie. O, jakie piękne jest to natchnienie — niechże realizują się w rozpromienionej miłości marzenia mojego tworzenia!

TWOJE PIERWSZE POJAWIENIE SIĘ

Ziemia! Jako jądro całego wszechświata i centrum wszystkiego powstała widzialna planeta — Ziemia! Momentalnie stały się widoczne dookoła gwiazdy, słońce i księżyc. Tworzące niewidzialne światło, idące z Ziemi, w nich znalazło swe odbicie. Po raz pierwszy we wszechświecie pojawił się nowy plan bytu! Materialny plan, a tak pięknie jaśnieje! Nikt i nic od momentu stworzenia Ziemi widocznej materii nie posiadał, Ziemia miała do czynienia ze wszystkim, co znajduje się we wszechświecie, a jednocześnie pozostawała sobą. Jawiła się nam samowystarczalnym stworzeniem. Wszystko, co rosło, co żyło, co pływało i latało

— nie umierało i nigdzie nie znikało. Nawet muszka z gnoju wychodziła, a muszką inne życie się odżywiało i w jedno wspaniałe życie to wszystko się formowało. W zaskoczeniu i w zachwycie wszystkie stworzenia wszechświata patrzeć na Ziemię poczęły: Ziemia mogła dotykać wszystkiego, ale jej nikt nie mógł dotknąć.

W Bogu natchnienie wzrastało nadal. W świecie miłości wypełniającej próżnię Boska Istota zmieniała swój zarys i formę. Tę formę, którą teraz posiada ciało człowieka, przybierała Boska istota. Poza prędkością i czasem pracowała Boska Myśl. W płomiennym natchnieniu, z bezkresną prędkością wyprzedzała myśli wszystkich energii i tworzyła! Na razie jedno, na razie tylko w sobie, niewidoczne stworzenie.

Wtem zabłysnęło olśnienie i wzdrygnęła się, jak o–pa–rzo–na nowym żarem, energia miłości. I w zachwycie radosnym wykrzyknął Bóg:

— Popatrz, Wszechświecie, popatrz! To syn mój! Człowiek! Stoi na ziemi! Jest materialny! I w nim są cząsteczki wszystkich energii Wszechświata. Na wszystkich poziomach bytu on żyje, jest stworzony na obraz i podobieństwo moje. A w nim są cząsteczki wszystkich waszych energii, więc pokochajcie! Pokochajcie Go! Wszystkiemu, co istnieje, syn mój przyniesie radość. On jest tworzeniem! On jest rodzeniem! On jest wszystko ze wszystkiego! Stworzy nowe życie i zmieni się w nieskończoność poprzez ciągłe swoje odradzanie się. Zarówno kiedy będzie sam, jak i wtedy, gdy zostanie wielokrotnie pomnożony, promieniując niewidocznym światłem, w jedność je zbierając, wszechświatem będzie władać. Obdarzy wszystko radością życia. Ja wszystko mu oddałem i wszystko, o czym pomyślę w przyszłości, już dziś mu ofiaruję.

— I właśnie tak po raz pierwszy stanąłeś na wspaniałej Ziemi.

— O kim ty mówisz, o mnie?

— O tobie i o każdym, kto dotknie tego zapisanego wersu.

— Anastazjo, jak to możliwe? Przecież to w ogóle się nie klei. W jaki sposób każdy czytelnik może stać tam, gdzie jest powiedziane, że tylko sam Jedyny tam stał? Była o tym mowa również w Biblii. Wpierw był jeden człowiek — nazywał się Adam. I ty także powiedziałaś, że Bóg stworzył jednego.

— Wszystko się zgadza, Władimirze, ale popatrz: od jednego wszyscyśmy powstali. Jego cząsteczka, informacja w niej zawarta, zamieszkiwała we wszystkich następnych zrodzonych na Ziemi. I jeśli siłą woli odrzucisz ciężar swoich codziennych trosk, to będziesz doświadczał tego uczucia, które w małej cząsteczce do dziś jest zachowane. Ona tam była i pamięta wszystko. Jest i teraz w tobie i w każdym na Ziemi żyjącym człowieku. Daj się jej otworzyć, poczuj, co ujrzałeś i ty, w tym momencie czytający ten wers. Co ujrzałeś u źródła swej drogi.

— Niesamowite! Przecież z tego wynika, że ci wszyscy żyjący teraz tam na tej Ziemi byli od samego początku?

— Tak. Tylko nie „na tamtej", ale na tej Ziemi. Po prostu miała tylko inne oblicze.

— Ale jak można wszystkich nas określić jednocześnie?

— Z pewnością spodziewasz się, że usłyszysz słowo „Adam". Będę z niego korzystała, ale wyobraź sobie, że to ty nim jesteś. I niech każdy sobie wyobrazi pod tym imieniem siebie. A ja pomogę temu wyobrażaniu delikatnie słowami.

— Oczywiście, że musisz pomóc, bo ja w tamtych czasach jeszcze dość słabo się widzę.

— Żeby było łatwiej, zobacz siebie wchodzącego do sadu na przełomie wiosny i lata. W sadzie tym są jeszcze jesienne płody. Znajdują się tam również istoty, które widzisz po raz pierwszy. Wszystko razem trudno ogarnąć wzrokiem. Kiedy wszystko jest nowe i wszystko jest perfekcyjne. Ale przypomnij sobie, Adamie, jak po raz pierwszy ujrzałeś kwiatek i skoncentrowałeś się na nim całą swoją uwagę. Na jednym maleńkim kwiatuszku. Był chabrowy, a jego płatki miały doskonały kształt. Płatki kwiatka połyskiwały, jakby sobą światło niebios odbijając. I ty, Adamie, kucnąłeś przy kwiatku, podziwiając to stworzenie. I jakkolwiek długo byś patrzył, on wciąż się zmieniał. Wiatr pieszczotliwym powiewem kołysał kwiatek na łodyżce, a pod promieniami słońca poruszały się płatki, zmieniając kąt odbicia światła i barw najdelikatniejsze odcienie. Trzepotały płatki na wietrze, tak jakby na powitanie kłaniały się człowiekowi, jakby dyrygowały muzyką brzmiącą w duszy. Najłagodniejszy aromat kwiatka starał się otulić ciebie — człowieka. Raptem

17

Adam usłyszał ryk i powstał. Obrócił się w kierunku, z którego dochodził. W oddali stał ogromny lew z lwicą, a rykiem lew ogłaszał okolicy o sobie. Adam popatrzył na piękną i mocną postawę uwieńczoną gęstą grzywą. Lew również dostrzegł Adama i w tym samym momencie wielkimi susami zwierzę skierowało się ku człowiekowi, a lwica krok w krok podążała za nim. Adam się zachwycił grą ich okazałych mięśni. Na trzy metry przed nim zwierzęta się zatrzymały. Wzrok człowieka pieścił je, płynęła od niego miłość, więc lew, obłaskawiony, osunął się w rozkoszy na ziemię, a lwica położyła się tuż obok, zamierając, by nie zakłócić boskiego, ciepłego światła idącego od człowieka. Adam palcami czochrał lwią grzywę, oglądał pazury mocnej łapy i dotykał ich, muskał białe kły i uśmiechał się, kiedy lew mruczał z rozkoszy.

— Anastazjo, co to za światło w tamtych czasach biło od człowieka, że nawet lew go nie rozerwał na strzępy? I dlaczego dzisiaj tego światła nikt nie ma? Przecież nikt się dzisiaj nie świeci.

— Władimirze, czy ty nigdy nie zauważyłeś, że i dzisiaj jest wielka różnica? Wzrok człowieka odróżnia wszystko, co jest ziemskie: trawę maleńką, groźne zwierzę i kamień, ale troszkę wolniej. Tajemniczą, zagadkową i niewytłumaczalną siłą jest on wypełniony. Wzrok człowieka pieszczotliwy może być, ale może też chłodem zniszczenia ogarnąć wszystko, co żyje. Powiedz, czy nie byłeś nigdy ogrzany czymś wzrokiem? Lub być może było ci źle na duszy przez jakieś obce oczy?

— Oczywiście, zdarzało się. Czasami jest tak, że czujesz czyjś wzrok na sobie. Niekiedy przyjaźnie na ciebie patrzy, a czasami nie za bardzo.

— No, widzisz? To znaczy, że i ty wiesz, iż pieszczotliwy wzrok przyjemne ciepło wywołuje w twoim wnętrzu, a inne spojrzenie zniszczenie i chłód rodzi. Wielokrotnie silniejszy wzrok miał w dniach pierwszych człowiek. Stwórca uczynił tak, aby wszystko, co żyje, starało się być ogrzane tym wzrokiem.

— To gdzie się teraz podziała ta cała siła wzroku człowieka?

— Nie cała. Jeszcze dostatecznie dużo jej zostało. Jednak krzątanina, powierzchowność myślenia, zupełnie inna prędkość myśli: nieprawidłowe, kłamliwe wyobrażenia sedna życia oraz zwiędła świadomość mącą wzrok, nie pozwalają otworzyć się temu, czego wszyscy oczekują od człowieka. Ciepło duszy każdy przechowuje w swoim wnętrzu. Och, gdyby u wszystkich mogło się całkowicie otworzyć! Cała rzeczywistość mogłaby się przekształcić w pierworodny ogród.

— U wszystkich ludzi? Tak jak na początku u Adama? Jak to jest możliwe?

— Wszystko może się udać, kiedy ludzka myśl wychodząca od człowieka będzie zmierzać do jedności. Kiedy Adam był sam jeden, to siła jego myśli była taka, jak teraz u wszystkich ludzi razem.

— Aha, to pewnie dlatego bał się go nawet lew?

— Lew nie bał się człowieka. Lew hołdował światłu Boskiemu. Wszystkie istoty starają się doznać tej boskości, którą obdarzyć jest w stanie tylko człowiek. Za to jako przyjaciela, brata, Boga są gotowe odbierać człowieka wszystkie stworzenia istniejące nie tylko na Ziemi. Rodzice zawsze się starają, aby najlepsze zdolności przekazać swoim dzieciom. Tylko rodzice pragną szczerze, żeby zdolności dzieci przewyższały ich własne. Stwórca człowiekowi — synowi swojemu w pełni oddał wszystko, do czego w porywie natchnienia sam dążył. I jeżeli wszyscy zdołają zrozumieć, że Bóg jest absolutem, to przez uczucia rodziców niech poczują wszyscy, jako kogo Rodziciel Bóg pragnął stworzyć dziecko swoje, ukochanego Syna-człowieka. Jak nie bał się odpowiedzialności, jak na całe wieki obiecał nie wyrzekać się stworzenia swojego, wymawiając słowa, które dotarły do nas przez miliony lat: „On jest synem moim, człowiekiem, on jest na mój obraz! On jest na podobieństwo moje!".

— Czy to znaczy, że Bóg pragnął, żeby jego syn, jego stworzenie, czyli człowiek był od niego silniejszy?

— Pragnienia wszystkich rodziców posłużą do potwierdzenia tego.

— I co? Adam swoim pierwszym dniem spełnił marzenia Boga? Co robił później, po spotkaniu z lwem?

— Adam starał się poznać wszystko, co istnieje. Określać nazwę, przeznaczenie dla każdego nowego tworu. Czasami bardzo szybko wykonywał to zadanie, a bywało, że bardzo długo się z nim mierzył. Tak na przykład w dzień pierwszy do wieczora próbował określić przeznaczenie prentozaura, jednak nie udało mu się rozwiązać tego zadania i właśnie dlatego wszystkie prentozaury znikły z powierzchni ziemi.

— Dlaczego znikły?

— Zniknęły dlatego, że człowiek nie określił ich przeznaczenia.

— To te prentozaury, co były kilkakrotnie większe od słoni?

— Tak, były większe od słoni i miały niewielkie skrzydła. Na długiej szyi znajdowała się niewielka głowa, a z paszczy zionął ogień.

— Jak w baśni. Smoki w baśniach narodowych też zionęły ogniem, ale to tylko w baśniach, nie naprawdę.

— O minionym w bajkach mówi się zazwyczaj alegoriami, a bywa, że opowiada się bezpośrednio, dokładnie.

— Ależ?! To jak ten potwór mógł być zbudowany? Jak żywy organizm może z paszczy zionąć ogniem? A może ten ogień to metafora? No, powiedzmy, że ten potwór dyszał złością.

— Ogromny prentozaur był dobry, a nie zły. Jego zewnętrzny rozmiar służył do zmniejszenia wagi.

— Jak olbrzymi rozmiar może służyć do zmniejszenia wagi?

— Im większy balon gazowy, im bardziej wypełniony tym, co jest lżejsze od powietrza, tym jest również lżejszy.

— Przecież prentozaur nie był powietrznym balonem.

— Prentozaur był właśnie takim ogromnym żywym balonem. Przy tym miał lekką konstrukcję szkieletu i małe organy wewnętrzne. W środku, tak jak w kuli, była pustka nieustannie wypełniająca się gazem lżejszym od powietrza. Odbijając się i machając skrzydłami, prentozaur mógł trochę pofrunąć. Kiedy pojawiał się nadmiar gazu, wydychał go paszczą. Z paszczy natomiast wystawały krzemowe kły i potarcie ich powodowało iskrę, a gaz wydobywający się z jamy brzusznej zapalał się i ogniem z paszczy wyrywał.

— Nie do wiary! No, dobra, ale kto w takim razie stale wypełniał go gazem?

— Przecież tłumaczę ci, Władimirze, gaz tworzył się sam, wewnątrz, podczas trawienia pokarmu.

— To niemożliwe. Gaz jest tylko w głębi ziemi. Wydobywa się go, a następnie wypełnia nim butle gazowe lub doprowadza się rurociągiem do maszynek gazowych. A tu nagle z pokarmu — to zbyt proste!

— Tak, to jest właśnie takie proste.

— Nie uwierzę w takie łatwe wytłumaczenie i myślę, że nikt w nie nie uwierzy. I wszystko, co powiedziałaś, będzie podane w wątpliwość. Nie tylko w to o prentozaurach, ale i we wszystko inne, o czym opowiadałaś, również zwątpią. Dlatego nie będę w ogóle o tym pisał.

— Władimirze, czy ty podejrzewasz, że ja mogę się mylić albo kłamać?

— No, kłamać nie kłamać, ale to, że się pomyliłaś z tym gazem, to fakt.

— Nie pomyliłam się.

— Udowodnij zatem.

— Władimirze, zarówno twój, jak i innych ludzi żołądek produkuje taki sam gaz.

— Jak to możliwe?

— A sprawdź sobie. Weź i podpal, kiedy z ciebie wychodzi.

— Jak: ze mnie? Skąd? Gdzie podpalić?

Anastazja zaśmiała się i przez śmiech powiedziała:

— Jak dziecko, pomyśl sam, przecież to jest bardzo intymne doświadczenie.

Od czasu do czasu myślałem o tym gazie i sam nie wiem dlaczego tak bardzo mnie to zajęło. W końcu zdecydowałem się zrobić doświadczenie. Wykonałem je po powrocie od Anastazji. Pali się!!!

Wszystkie jej słowa o pierwszych dniach Adama, czyli też o naszych pierwszych dniach, przypominam sobie z coraz większym zainteresowaniem. I nie wiem dlaczego powstaje we mnie takie uczucie, jakbyśmy i ja, i ty, czytelniku, zapomnieli czegoś z nich ze sobą zabrać. Albo tylko ja zapomniałem. Może niech każdy zadecyduje o sobie, kiedy się dowie, jak przebiegał dzień pierwszy Człowieka. Właśnie tak opowiadała o tym Anastazja:

DZIEŃ PIERWSZY

Adama wszystko ciekawiło. Każde źdźbło trawy, każdy dziwny robaczek, podniebne ptaki oraz woda. Kiedy zobaczył po raz pierwszy rzekę, zachwycił się płynącą przezroczystą wodą, lśniącą w promieniach słońca. I dostrzegł w niej rozmaitość życia. Adam dotknął ręką wody i w tym samym momencie nurt objął jego dłoń i pieścił wszystkie komórki jego skóry,

21

zachęcając do siebie. Zanurzył się więc w wodzie i ciało jego stało się lżejsze, woda utrzymywała go i, przyjemnie szumiąc, pieszczotliwie gładziła. Prysnął wodą w górę i zachwycił się, kiedy promienie słoneczka grały w każdej kropli, póki nurt ich nie przyjął z powrotem. I z uczuciem radości pił wodę z rzeki. I aż do zachodu słońca podziwiał i kąpał się, i rozmyślał.

— Poczekaj, Anastazjo, powiedziałaś przed chwilą, że Adam się napił, a czy coś zjadł w ciągu dnia? Czym się odżywiał?

— Naokoło było mnóstwo płodów ziemi o różnych smakach, jagód i nadających się do spożycia ziół. Jednak w dni pierwsze Adam nie odczuwał głodu. Syty był powietrzem samym.

— Samym powietrzem? Przecież nie samym powietrzem żyje człowiek. Jest nawet takie przysłowie.

— Tym powietrzem, którym dzisiaj oddycha człowiek, faktycznie się nie da, a co więcej, nawet nie wolno się odżywiać. Dziś powietrze jest na wpół martwe i często szkodliwe dla ciała i duszy. Powiedziałeś o istniejącym przysłowiu: „Nie samym powietrzem żyje człowiek", jest jednak inne przysłowie: „Ja samym powietrzem żyję". Właśnie ono odpowiada temu, co było dane człowiekowi na samym początku. Adam urodził się w najpiękniejszym ogrodzie i w otaczającym go powietrzu nie znajdował się ani jeden szkodliwy pyłek. W powietrzu tym były rozproszone pyłki i najczystsze kropelki rosy.

— Pyłek? Jaki pyłek?

— Eteryczny kwiatowy pyłek był wydzielany z ziół, z drzew, z płodów. Z tych, co były tuż obok, i z dalszych miejsc wiatrem był przynoszony. W żaden sposób od dzieł wielkich nie odciągała człowieka potrzeba zdobywania pożywienia. Całe otoczenie żywiło człowieka poprzez powietrze. Stwórca tak wszystko pomyślał od początku, że wszystko, co żywe na ziemi, w miłości natchnieniu starało się służyć człowiekowi: i powietrze, i woda, i wiatr były żywicielami.

— Tu masz rację, powietrze może być szkodliwe, i to bardzo, ale człowiek wymyślił klimatyzację. Ona oczyszcza powietrze ze wszystkich szkodliwych składników. A wodę mineralną sprzedaje się w butelkach. Dzisiaj więc dla tych, których na to stać, problemy z wodą i powietrzem są rozwiązane.

— Niestety, Władimirze, klimatyzacja nie rozwiązuje problemu. Szkodliwe cząsteczki zatrzymuje, ale powietrze przy tym jeszcze bardziej martwieje, a butelkowana woda obumiera od tego zamknięcia. Wówczas odżywia ona jedynie stare komórki ciała. Dla ich odnawiania się, po to, aby komórki twego ciała przez cały czas się tworzyły, niezbędne są żywe powietrze i woda.

PROBLEMY UDOSKONALAŁY ŻYCIE

— Adam to wszystko posiadał?

— Tak! Miał to! Właśnie dlatego myśl jego pędziła tak szybko. Przez względnie krótki odcinek czasu udało mu się określić przeznaczenie wszystkiego. Sto osiemnaście lat przeleciało jak jeden dzień.

— Sto osiemnaście lat? Do tak późnej starości sam przeżył?

— Sam jeden, zachwycającymi i ciekawymi czynami żył On — pierwszy człowiek. Jego sto osiemnaście lat nie starość mu przyniosło, lecz rozkwit.

— W wieku stu osiemnastu lat człowiek się starzeje, nawet jest uznawany za długowiecznego, ale choroby i niemoc go pokonują.

— Tak jest teraz, Władimirze, ale wtedy choroby człowieka nie dotykały. Wiek każdej komórki ciała był dłuższy, ale jeśli komórka była zbyt zmęczona, to dane było jej umrzeć, ale w tym samym czasie powstawała nowa, energią wypełniona komórka. Ciało człowieka mogło żyć tyle lat, ile chciał jego duch, dusza.

— To co, teraz wynika z tego, że współczesny człowiek sam nie chce żyć tak długo?

— Działaniem swoim co sekundę skraca swój wiek i śmierć wymyśla sam dla siebie człowiek.

— Jak to: sam sobie wymyśla? Przecież ona przychodzi sama, wbrew naszej woli.

— Kiedy palisz lub pijesz alkohol, kiedy wyjeżdżasz do miasta nasyconego smrodem zanieczyszczonego powietrza, kiedy spożywasz martwe jedzenie i złością sam siebie zjadasz, to powiedz mi, Władimirze, kto, jak nie ty sam, przybliża twoją śmierć?

— Takie jest teraz życie.

— Człowiek jest wolny, każdy sam buduje swoje życie i wiek swój co sekundę określa.

— To co, w raju problemy nie istniały?

— Problemy, nawet jeżeli powstawały, to rozwiązywały się bez żadnych szkód i tylko dowodziły doskonałości życia.

PIERWSZE SPOTKANIE

Pewnego dnia, w swoje sto osiemnaste urodziny, obudziwszy się o świcie, Adam nie zachwycił się wiosną. I nie podniósł się jak zwykle na powitanie słonecznych promieni. W listowiu nad nim przepięknie śpiewał słowik, ale Adam przekręcił się na drugi bok, odwracając od śpiewu. Przed oczami w tajemniczym drżeniu wiosna wypełniała przestrzeń, rzeka szelestem wody wołała do siebie Adama, rozbawione jaskółki fruwały nad nim. Obłoki zmieniały się w czarujące obrazy, najdelikatniejsze aromaty z ziół, kwiatów, drzew i krzewów otaczały go. O, jakże wtedy zdziwił się Bóg! Wśród wspaniałości wiosennej ziemskiego stworzenia pod błękitem nieba syn-człowiek Jego smucił się. Jego dziecko ukochane nie w radości, lecz w smutku było pogrążone. Czy dla kochającego ojca może być coś bardziej przykrego niż taki obraz? Odpoczywające sto osiemnaście lat od momentu stworzenia mnóstwo boskich energii w mgnieniu oka znów się poruszyło. Wszechświat zamarł. W aurze energii miłości lśniło takie przyspieszenie, nie spotykane wcześniej, że wszystko, co istnieje, zrozumiało: Bóg myśli o nowym stworzeniu. Ale co jeszcze można stworzyć po tym, co już zostało stworzone na najwyższym poziomie natchnienia? Nikt jeszcze wtedy tego nie rozumiał. A prędkość myśli Boga powiększała się. Energia miłości szeptała do niego:

— I znów wszystko doprowadziłeś do natchnionego ruchu. Energie twoje parzą przestrzenie wszechświata. Jakim cudem nie wybuchasz ani nie spalasz się sam w takim ogniu? Dokąd dążysz? Do czego? Popatrz, mój Boże, ja nie świecę się już tobą, lecz się palę, planety w gwiazdy przemieniając. Zatrzymaj się, wszystko, co najlepsze, już jest przez ciebie stworzone, a twój syn przestanie się smucić, zatrzymaj się, o, Boże!

Nie słyszał Bóg błagania miłości. Nie przejmował się drwinami istot wszechświata. Jak młody i natchniony rzeźbiarz gorąco kontynuował przyspieszone ruchy wszystkich energii. I nagle w całym nieuchwytnym wszechświecie błysnął do tej pory niewidzianą, piękną zorzą i westchnęło w zachwycie całe stworzenie. I sam Bóg szepnął w zachwycie:

— Popatrz, Wszechświecie! Patrz! Oto córka moja stoi wśród stworzeń ziemskich. O, jakże doskonała, jak wspaniała jest jej postać. Godna będzie syna mego. I nie ma doskonalszego od niej stworzenia. W niej obraz i podobieństwo moje oraz wszystkie wasze cząsteczki w niej są zawarte, więc pokochajcie, pokochajcie ją! Ona i on! Mój syn i córka moja! Wszystkich radością obdarzą! I na wszystkich poziomach bytu wspaniałe światy zbudują!

W promieniach świtu, po trawie umytej rosą, w świąteczny dzień z pagórka schodziła ku Adamowi dziewica. Stąpała z gracją, miała smukłą sylwetkę, a linie jej ciała były delikatne i płynne. Cera lśniła światłem zorzy boskiej, coraz bliżej i bliżej. Już jest! Przed leżącym na trawie Adamem stanęła dziewica. Wietrzyk poprawił złote kosmyki, odsłaniając jej czoło. Wszechświat wstrzymał oddech. O, jak cudowne jej lico — stworzenie twoje, Boże!

Adam na stojącą obok dziewicę tylko rzucił okiem, lekko ziewnął i obrócił się, przymykając powieki. Wszystkie istoty wszechświata usłyszały wtedy... Nie, nie słowa, lecz jak opieszale w swych myślach Adam rozprawiał o nowym Boga stworzeniu: „Patrzcie, jeszcze jedno jakieś stworzenie podeszło. Nie ma nic w nim nowego, tylko że do mnie podobne. Stawy kolanowe u konia są bardziej giętkie i mocne, leopard ma weselsze i jaskrawsze futro, a do tego wszystkiego jeszcze podeszło bez zaproszenia, przecież na dzisiaj planowałem określić przeznaczenie mrówkom".

Ewa więc, nie doczekawszy się, poszła nad rzekę. Na brzegu przykucnęła przy krzakach i w ucichłej wodzie swoje oglądała odbicie. I narzekać zaczęły istoty wszechświata, w jedność zlała się ich myśl: „Dwie doskonałości nie potrafiły docenić jedna drugiej, więc w stworzeniach boskich nie ma doskonałości". Tylko energia miłości, sama pośród narzekań całego wszechświata, próbowała ochronić sobą Stwórcę. Jej światło otaczało Boga. Wszyscy wiedzieli — nigdy Energia Miłości nie rozumowała. Zawsze niewidoczna i milcząca w nieznanych bezkresach błądziła, to dlaczego teraz całkowicie, bez reszty tak mocno światłem wokół Boga zabłysnęła? Nie reagując na jęki wszechświata, swoim światłem tylko Jego jedynego ogrzewała i pocieszała:

— Ty odpocznij, Stwórco Wielki, i zasiej zrozumienie w Synu swoim. Będziesz mógł poprawić wszystkie wspaniałe stworzenia swoje.

W odpowiedzi zabrzmiały słowa i wszechświat poznał przez nie mądrość i wielkość Boga:

— Mój syn jest na obraz i podobieństwo moje. Znajdują się w nim cząsteczki wszystkich energii. On jest alfą i omegą. On jest stworzeniem! On jest przyszłości przetworzeniem! Teraz i zawsze, i na wieki wieków. Ani mnie, ani nikomu innemu nie będzie dane bez zgody jego zmieniać losu jego. Wszystko, czego sam zapragnie, dane mu będzie. Wszystko się spełni, co nie w biegu pomyślane. Nie pokłonił się syn mój na widok doskonałego ciała dziewicy. Nie podziwiał jej ku zdumieniu całego wszechświata. Syn mój, nie rozumiejąc jeszcze, zmysłami poczuł. Jako pierwszy poczuł — czegoś mu brakuje. A stworzenie nowe — dziewica — tego właśnie jeszcze nie posiada. Mój syn! Mój syn duszą odczuwa cały wszechświat i doskonale wie, co on posiada.

Cały wszechświat wypełniło pytanie:

— Czego może brakować temu, w kim zawarte wszystkie energie nasze i wszystkie energie twoje?

Bóg odpowiedział im:

— Energii Miłości.

I w tym momencie z całą swą siłą wybuchła energia miłości:

— Przecież jestem jedna jedyna i tylko do ciebie należę. Tobą jedynym jaśnieję.

— Kochanie moje, tak, jesteś jedyną moją miłością, twoje lśniące światło i lśni, i pieści. Kochanie moje, jesteś moim natchnieniem. Ty jesteś zdolna wszystko przyspieszać, pogłębiasz uczucia i dajesz wszystkim błogie ukojenie, kochanie moje. Błagam ciebie, cała bez

reszty zejdź na Ziemię. Sobą, energią wielkiej błogości, ogarnij je —
moje dzieci.

Miłości i Boga pożegnalny dialog zwiastował początek całej miłości
ziemskiej.

— Mój Boże — wołała miłość do Stwórcy — kiedy odejdę, to sam
na zawsze, sam na wszystkich żyjących poziomach bytu, pozostaniesz
niewidzialny.

— Od dziś syn mój i córka moja będą świecić dla wszystkich na
wszystkich poziomach bytu. I niech tak się stanie.

— Mój Boże, próżnia wokół ciebie powstanie. I już nigdy do twojej
duszy nie przedrze się żywe ciepło. Bez ciepła tego oziębnie twa dusza.

— Nie tylko dla mnie, lecz dla wszystkich niech to ciepło z ziemi
jaśnieje. Synów moich i córek czyny niech je pomnożą. Wówczas cała
Ziemia ciepłem miłości świecącej w przestrzeni rozgorzeje. Wszyscy
będą odczuwali od Ziemi błogie światło, ogrzane nim będą wszystkie
moje energie.

— Mój Boże, przed synem i córką twoją stoją otworem wszystkie
drogi. W nich zawarte są energie wszystkich wymiarów bytu. I jeśli
chociażby jedna przezwycięży pozostałe, to nieprawdziwą zaprowadzi
drogą. Co wtedy będziesz mógł zrobić, oddawszy z siebie wszystko?
Widząc, jak topnieje, jak słabnie energia płynąca z Ziemi? Oddawszy
wszystko i patrząc, jak na ziemi nad wszystkim dominuje energia znisz-
czenia? Stworzenie twoje pokryje martwa otoka, a trawa twoja będzie
zarzucona kamieniami. Co wtedy zrobisz, wolność swoją oddawszy
synowi swojemu?

— Wśród kamieni będę mógł przebić się ponownie jako zielone
źdźbło trawy na maleńkiej, nietkniętej polance, otworzę płatki kwiatu.
Swoje ziemskie przeznaczenie moi ziemscy synowie i córki będą mogli
sobie uświadomić.

— Mój Boże, kiedy odejdę, ty niewidoczny dla wszystkich się sta-
niesz. A może zdarzyć się tak, że w twoim imieniu poprzez ludzi istoty
innych energii nagle zaczną przemawiać. Jedni drugich będą się starali
sobie podporządkować. Na swoją korzyść będą interpretować twoją
istotę, głosząc: „Mówię w imieniu Boga i ze wszystkich jestem wybrany

ja sam jedyny, i wszyscy mnie słuchajcie". Co wtedy będziesz w stanie zrobić?

— W rodzącym się dniu zorzą się stanę. Stworzenia wszystkie, bez wyjątku, pieszczone na ziemi promieniem słonecznym, pomogą zrozumieć synom i córkom moim, że każdy sam przez duszę swoją może mówić z duszą moją.

— Mój Boże, ich będzie wielu, a ty jesteś sam jeden. A wszystkie istoty wszechświata opanuje pożądanie zawładnięcia ludzką duszą, aby poprzez ludzi zapanować nad wszystkim swoją energią. Wtedy twój syn zabłąkany nagle zacznie się do nich modlić.

— Przed różnorakimi ciemnymi siłami prowadzącymi do ślepego zaułka stoi mur, on będzie zaporą dla wszystkiego, co niesie kłamstwo. Bowiem w synach i córkach moich jest dążenie do uświadomienia sobie prawdy. Kłamstwo ma zawsze swoje granice, lecz prawda jest bezgraniczna zawsze. Ona jedna na wieki zamieszkała w duszy i świadomości moich córek i synów!

— O, mój Boże, nikt i nic nie jest w stanie przeciwstawić się biegowi myśli i marzeniom twoim. One są wspaniałe! Z własnej woli pójdę ich śladami. Dzieci twoje światłem ogrzeję i wiecznie będę im służyć. Sprezentowane przez ciebie natchnienie pomoże im stworzyć swoje tworzenie. Tylko o jedno błagam cię, Boże, choć jedną iskierkę swojej miłości pozwól mi przy tobie zostawić. Kiedy w mroku przebywać będziesz, kiedy sama próżnia będzie cię otaczać, kiedy popadniesz w zapomnienie, a światło Ziemi będzie przygasać, niech wtedy iskierka, chociażby jedna mała iskierka miłości mojej do ciebie, swoim migotaniem świeci.

Gdyby żyjący dzisiaj człowiek mógł spojrzeć na niebo, które było wtedy nad ziemią, przed jego oczyma wielki powstałby obraz. Światło wszechświata — energia miłości, w kometę się skupiwszy, ku ziemi podążała i rozjaśniała na swojej drodze ciała planet jeszcze bez życia, i zapalała gwiazdy nad ziemią. Ku ziemi! Coraz bliżej i bliżej. Już jest. I nagle nad samą ziemią się zatrzymało, zadrżało światło miłości. Dostrzegło bowiem w oddali, wśród płomiennych gwiazd, jedną, najmniejszą ze wszystkich, lecz żywą gwiazdę. Ona za światłem miłości ku ziemi spieszyła.

I zrozumiała miłość: to od Boga ostatnia jej iskierka, i ta ku ziemi za nią zmierzała.

— Mój Boże — szeptało światło miłości — ale dlaczego? Nie mogę zrozumieć, dlaczego Ty nawet jednej mojej iskierki przy sobie nie zostawiłeś?

Słowom miłości zmroku wszechświata już niewidzialny dla nikogo i przez nikogo jeszcze niezrozumiały Bóg odparł:

— Sobie zostawić to znaczy nie dać im, córkom i synom moim.

— Mój Boże...

— O, jak wspaniała jesteś, miłości, nawet w tej jednej tylko iskierce.

— Mój Boże...

— Pospiesz się, miłości moja, pospiesz, nie rozprawiaj. Pospieszaj z ostatnią swoją iskierką i ogrzej wszystkich przyszłych moich synów i córki.

Energia Miłości wszechświata objęła ludzi całkowicie, aż do ostatniej iskierki. W niej było wszystko. Wśród wszechświata nieobjętego, we wszystkich żyjących wymiarach bytu jednocześnie, powstał człowiek ze wszystkich istot najmocniejszy.

KIEDY MIŁOŚĆ...

Adam leżał na trawie wśród pachnących kwiatów. Drzemał w cieniu drzewa, a jego myśl powoli płynęła. I nagle nie znaną mu do tej pory falą ciepła objęło go wspomnienie. Niezwykłą siłą ciepło to przyspieszało wszystkie myśli: „Zupełnie niedawno stanęło przede mną nowe stworzenie. Moje było to podobieństwo, a oprócz tego była i różnica, ale jaka, w czym? Gdzie może być teraz? O, jak pragnę zobaczyć ponownie to nowe stworzenie. Zobaczyć je znowu chcę, ale dlaczego, nie wiem". Raptem Adam wstał i rozejrzał się dookoła. Wybuchła jego myśl: „Co się nagle stało? Ciągle to samo niebo, ptaki, trawy, drzewa i krzaki. Wciąż te same, a jest różnica, inaczej na wszystko patrzę. Wspanialsze stały się wszystkie ziemskie istoty: zapachy, powietrze i światło".

I zrodziło się z ust Adama słowo, Adam wykrzyknął do wszystkich: „I ja też kocham!" i w tym momencie ogarnęła go nowa fala ciepła idąca

od rzeki. Odwrócił się w kierunku bijącego ciepła, przed nim lśniło no'
stworzenie. Logika opuściła myśli, cała dusza widokiem tym się upaja
kiedy Adam zobaczył nagle na brzegu siedzącą cicho dziewicę. Nie
wodę czystą jednak, lecz na niego patrzyła, odrzuciwszy pasma złoty
włosów. Teraz ona pieściła go swym uśmiechem, jakby wieczność c;
na niego czekała.

Podszedł do niej i kiedy patrzyli na siebie, Adam pomyślał: „Nikt ı
ma oczu wspanialszych niż ona", a głośno powiedział:

— Siedzisz nad brzegiem rzeki, woda jest bardzo przyjemna. Mɛ
ochotę? Wykąpiemy się w rzece.

— Chętnie.

— Potem pokażę ci wszystkie stworzenia, chcesz?

— Chcę.

— Wszystkim określiłem przeznaczenie. I tobie służyć im naka:
A jeśli chcesz, to nowe uczynię stworzenie.

— Tak, chcę.

Kąpali się w rzece, biegali po łące. O, jakże dźwięcznie śmiała :
dziewica, kiedy wdrapawszy się na słonia, niezwykły taniec dla n
przedstawiał rozweselony Adam i dziewicę Ewą nazywał! Dzień miał :
ku zachodowi, dwoje ludzi stało wśród znakomitości bytu ziemskie¡
Rozkoszowali się kolorami, zapachami i dźwiękami. Spokojnie i niew
nie patrzyła Ewa, jak zapada wieczór. Kwiaty zamykały się w pąki, wsɪ
niałe dzienne widoki w ciemność odchodziły z oczu.

— Nie smuć się — już pewny siebie powiedział Adam — zaraz ı
stąpi ciemność nocy. Jest potrzebna, by odpocząć, ale ilekroć noc będ:
przychodziła, zawsze dzień nastanie.

— Ten sam dzień będzie czy nowy?

— Nastąpi dzień taki, jakiego zapragniesz.

— Czyim podwładnym jest każdy dzień?

— Moim podwładnym.

— A ty komu jesteś podwładny?

— Nikomu.

— To skąd tu jesteś?

— Z marzenia.

— A wszystko naokoło, co cieszy mój wzrok?

— Też powstało z marzenia dla mnie jako stworzenie.

— To gdzie teraz ten, którego marzenia są tak wspaniałe?

— Często bywa tak, że jest obok, lecz nie można go zobaczyć zwykłym wzrokiem. Tak czy inaczej, jest z nim dobrze. Bogiem się określa, ojcem moim i przyjacielem. Nigdy mi się nie przykrzy i wszystko mi oddaje. Też pragnę mu coś dać, ale co, tego jeszcze nie wiem.

— Więc ja też jestem jego stworzeniem? Ja też, tak jak i ty, odwdzięczyć mu się pragnę. Nazywać przyjacielem, Bogiem i ojcem swoim. Być może razem odnajdziemy to, czego oczekuje od nas ojciec?

— Słyszałem, jak mówi, że może obdarzyć wszystkich radością.

— Wszystkich, to znaczy i siebie samego?

— Tak, to znaczy i siebie samego.

— To powiedz mi, czego pragnie?

— Wspólnego tworzenia oraz radości z patrzenia na nie.

— Co może przynieść wszystkim radość?

— Rodzenie.

— Rodzenie? Przecież najwspanialsze jest już narodzone.

— Często rozmyślam przed snem o niezwykłym, wspaniałym stworzeniu. O świcie dochodzę do wniosku, że jeszcze nic nie wymyśliłem. To, co wspaniałe, już istnieje i jest widoczne w świetle dnia.

— Pomyślmy nad tym razem.

— Też tego pragnę, by przed snem być razem z tobą, słyszeć twój oddech, upajać się twym ciepłem i razem dumać o stworzeniu.

Marząc przed snem o wspaniałym stworzeniu, myśli obojga łączyły się w jedno dążenie porywem najdelikatniejszych zmysłów, a ich ciała odzwierciedlały myśli.

NARODZINY

To dzień wracał, to noc znów nastawała. Pewnego dnia o świcie, kiedy Adam obserwował tygrysiątka i zastanawiał się nad nimi, cicho podeszła do niego Ewa, przykucnęła obok, wzięła jego rękę i położyła na swoim brzuchu.

— Poczuj to, wewnątrz mnie moje i jednocześnie nowe stworzenie żyje. Czy czujesz, Adamie, jak kopie istota moja niespokojna?

— Tak, czuję. Wydaje mi się, że do mnie się wyrywa.

— Do ciebie? No, oczywiście, że tak! Ona jest zarówno moja, jak i twoja! O, jakże pragnę zobaczyć już to nasze stworzenie.

Nie w mękach, lecz w wielkim zdumieniu rodziła Ewa.

Zapomniawszy o wszystkim dookoła, siebie nie czując, Adam patrzył i drżał z niecierpliwości. Ewa bowiem rodziła nowe wspólne stworzenie.

Maleńki kłębuszek, mokry cały, bezradnie leżał na trawie. Miał podkulone nóżki i zamknięte powieki. Adam patrzył, nie odrywając wzroku, jak maleństwo poruszyło rączką, rozchyliło usteczka i zrobiło wdech. Adam bał się nawet mrugnąć, aby nie przegapić najmniejszego ruchu. Nieznane do tej pory uczucia wypełniały wszystko wewnątrz i naokoło. Nie będąc w stanie ustać w miejscu, Adam nagle podskoczył i pobiegł. W wielkiej radości biegł Adam wzdłuż rzeki nie wiadomo dokąd. Zatrzymał się. Coś wspaniałego i nieznanego wypełniało jego piersi i rosło. A wszystko naokoło!... Niezwykle wietrzyk liśćmi w krzakach szeleścił, on śpiewał, przebierając po liściach krzaków i płatkach kwiatów jak po strunach. Niezwykle płynęły na niebie obłoki, wszystkie czarujący odbywały taniec. Lśniła, uśmiechała się i bystrzej płynęła woda. Nie do wiary! Rzeka! Rzeka, odzwierciedlając obłoki, weselej niosła swoje wody. Radosny szczebiot ptaków na niebie! I w trawie bzyczało radośnie! I łączyło się wszystko w jeden dźwięk pieszczotliwej muzyki najwspanialszej przestrzeni wszechświata.

Zaczerpnąwszy powietrza, Adam z całej siły nagle zakrzyczał. Niezwykły, nie zwierzęcy był jego krzyk, zlewał się w najdelikatniejsze dźwięki. Ucichło całe otoczenie. Pierwszy raz usłyszał wszechświat, jak radując się, śpiewał na ziemi człowiek. Śpiewał człowiek! I wtedy wszystko, co brzmiało w galaktykach, umilkło. Śpiewał człowiek! Słysząc pieśń szczęścia, cały świat zrozumiał: w żadnej galaktyce nie ma struny zdolnej wydać lepszy dźwięk niż dźwięk pieśni Duszy człowieka.

Jednak pieśń radości nie mogła zmniejszyć nadmiaru uczuć. Adam zobaczył lwa i popędził do niego. Powalił go na ziemię jak kotka, ze śmiechem zaczął czochrać grzywę, potem podniósł się, gestem przywołał lwa i pobiegł dalej. Lew ledwo go doganiał, a lwiątka z lwicą w ogóle nie nadążały. Szybciej niż wszyscy biegł Adam, machając rękoma, zapraszając wszystkie zwierzęta po drodze. Jego stworzenie, był pewien, wszystkim może dać radość.

I oto przed nim znów jest maleńki kłębek, jego stworzenie. Oblizany językiem wilczycy i ciepłym wiatrem wypieszczony, żywy, maleńki kłębuszek.

Niemowlę jeszcze nie otworzyło oczu, bo cały czas spało. Wszystkie zwierzęta, co za Adamem przybyły, przed nim na ziemi przysiadły w rozkoszy.

— Och! — w zachwycie wykrzyknął Adam — od mojego stworzenia światło podobne do mojego się rozchodzi! A może ono jest nawet silniejsze od mojego, skoro coś niezwykłego się ze mną dzieje. Wszystkie zwierzęta padły przed nim z czułością. Tak pragnąłem! Udało się! Stworzyłem to! Zrodziłem stworzenie wspaniałe! Żywe! Wszyscy! Spójrzcie na niego wszyscy!

Adam objął wzrokiem wszystko naokoło i nagle się zatrzymał, i zamarł. Na Ewie zatrzymał się jego wzrok.

Samotnie siedziała na trawie, lekko zmęczonym wzrokiem pieściła skamieniałego nagle Adama. I z nową mocą miłość wewnątrz i naokoło Adama z nie znaną mu do tej pory rozkoszą zajaśniała, i nagle... o, jakże miłość wszechświata zadrżała, kiedy Adam do pięknej matki podbiegł, kiedy przed nią uklęknął i dotknął jej złotych włosów, ust i wypełnionych mlekiem piersi. I radosny krzyk w delikatny szept przemienił, słowami próbując wyrazić swój zachwyt:

— Ewo! Moja Ewo! Kobieto moja! Tyś zdolna urzeczywistniać marzenia?! — a w odpowiedzi lekko zmęczony i delikatny, cichy głos powiedział:

— Tak, jestem kobietą. Twoją kobietą. Urzeczywistnię wszystk cokolwiek wymyślisz.

— Tak! Razem! My dwoje! Tacy sami jak on! Zdolni jesteśm czywistniać marzenia. Popatrz! Czy słyszysz nas, ojcze? — Lec pierwszy Adam nie usłyszał odpowiedzi. Zdziwiony skoczył i nął: — Gdzie jesteś, mój ojcze! Spójrz na moje stworzenie!

zadziwiające są twoje istoty ziemskie. Wszystko jest wspaniałe, drzewa, zioła, krzaki, i śliczne są twoje obłoki. Jednak wspanialsze niż kształt kwiatów jest stworzenie moje — popatrz! Moje jedno stworzenie przyniosło mi więcej radości niż wszystko, co ty przez marzenia tworzyłeś. Jednak ty milczysz. Czy nie chcesz na nie patrzeć? Przecież ono jest najlepsze ze wszystkich! Ono jest najbliższe memu sercu, stworzenie moje. No, co ty!? Nie chcesz spojrzeć na nie?

Adam popatrzył na niemowlę. Nad rozbudzonym ciałkiem dziecka powietrze było bardziej niebieskie niż zwykle. I wiatr nie kołysał niczym, tylko ktoś niewidoczny nad ustami niemowlęcia uchylał kwiatek, zginając cienką łodygę. I wtedy trzy delikatne pyłki kwiatowe dotknęły jego ust. Niemowlę oblizało usteczka, błogo złapało oddech, pomachało rączkami i nóżkami i znów usnęło. Adam domyślił się wówczas, że kiedy on się radował, biegając, Bóg w tym momencie czule opiekował się maleństwem i właśnie dlatego milczał. I wykrzyknął Adam:

— To znaczy, że ty pomagałeś! Byłeś obok i stworzenie uznałeś. — I cichy głos ojca w odpowiedzi usłyszał:

— Nie tak głośno, Adamie, obudzisz dziecko swoją radością.

— Mam rozumieć, że ty, mój ojcze, pokochałeś stworzenie moje tak samo jak mnie? Może nawet jeszcze bardziej? Jeżeli tak, to dlaczego? Wytłumacz mi! Przecież ono nie jest twoje.

— Miłość, mój synu, jest nieskończona. W stworzeniu nowym jest przedłużenie ciebie.

— To znaczy, że jestem tu, a jednocześnie w nim? I również Ewa w nim jest?

— Tak, mój synu, wasze stworzenie jest podobne do was we wszystkim, nie tylko ciałem. W nim duch i dusza, łącząc się, tworzą nowe. Kontynuowane będą wasze dążenia i niejednokrotnie wzmocnią radosne uczucia.

— Masz na myśli, że będzie nas wielu?

— Zapełnisz sobą całą ziemię. Wszystko zrozumiesz przez zmysły i wówczas w innych galaktykach twoje marzenie zbuduje nowy świat, jeszcze wspanialszy.

— Gdzie jest skraj wszechświata? Co będę robił, kiedy do niego dotrę? Kiedy już wszystko sobą wypełnię? Co było w myślach, zrealizuję?

— Synu mój, wszechświat jest myślą i z myśli zrodziło się marzenie, częściowo jednak jest widoczną materią. Kiedy dotrzesz do skraju wszystkiego, nowy początek, kontynuację myśl przed tobą otworzy. Z niczego powstaną nowe wspaniałe twoje narodziny, odzwierciedlając twoje dążenia duszy i marzenia. Synu mój, tyś nieskończony, tyś wieczny, w tobie marzenia tworzące zawarte.

— Ojcze, jak wspaniale jest, kiedy mówisz. Chcę cię przytulić, kiedy jesteś obok. Jednak nie mogę cię nawet zobaczyć, dlaczego?

— Synu mój, kiedy moje marzenia o tobie wchłaniały wszystkie energie wszechświata, nie nadążałem myśleć o sobie. Moje marzenia i myśli tylko ciebie tworzyły i nie zajęły się moim widzialnym obliczem. Jednak moje stworzenia są widoczne, postaraj się je odczuwać, a nie analizować. Nikt w całym wszechświecie nie potrafi ich zrozumieć tylko umysłem.

— Ojcze, jak mi dobrze, kiedy przemawiasz. Gdy jesteś obok, wszystko jest mi bliskie. Kiedy się okaże, że jestem na innym końcu wszechświata, kiedy wątpliwości i niezrozumienie zagnieżdżą się w mej duszy, powiedz, jak mam ciebie odnaleźć? Gdzie będziesz w tym momencie?

— W tobie i wszędzie dookoła. W tobie, mój synu, jest wszystko, jesteś bowiem władcą wszystkich energii wszechświata. Wszystkie przeciwności wszechświata zrównoważyłem w tobie i w rezultacie kimś zupełnie nowym się stałeś. I żadnej z nich nie pozwól dominować w sobie, wtedy i ja w tobie będę.

— We mnie?

— W tobie i we wszystkim. W twoim stworzeniu jesteś ty i Ewa. **Tak jak w tobie jest moja cząstka, tak i w twoim stworzeniu jam jest.**

— Dla ciebie jestem synem. Kim tedy dla ciebie jest to nowe stworzenie?

— Znowu tobą.

— Kogo bardziej będziesz kochał? Mnie teraźniejszego czy rodzącego się mnie wciąż na nowo?

— Miłość jest jedna, lecz nadziei jest więcej w każdym nowym odrodzeniu i marzeniu.

— Ojcze, jakże ty jesteś mądry. Tak bardzo pragnę cię uścisnąć.

— Popatrz dookoła. Wszystko jest widzialne, to są moje zmaterializowane myśli i marzenia. Przez swój materialny wymiar możesz zawsze z nimi obcować.

— Pokochałem je tak jak ciebie kocham, ojcze, i Ewę, i nowe stworzenie moje. Naokoło jest miłość i w niej na wieki pozostać pragnę.

— Mój synu, tylko w przestrzeni miłości żył będziesz wiecznie. Płynęły lata, jeśli tak to można ująć, ponieważ czas jest pojęciem względnym. Płynęły lata, ale po cóż to liczyć, kiedy człowiek śmierci w sobie dostrzec nie umiał. A znaczy to, że śmierć wtedy musiała nie istnieć.

JABŁKO, KTÓRYM NIE MOŻNA SIĘ NASYCIĆ

— Anastazjo, jeżeli na początku było tak dobrze, to co się zdarzyło później? Dlaczego dzisiaj toczą się wojny na ziemi, ludzie głodują? Istnieje złodziejstwo, bandyci, samobójstwa, więzienia? Pełno nieszczęśliwych rodzin i osieroconych dzieci. Gdzie się podziały kochające Ewy? Gdzie Bóg, który nam obiecał życie wieczne w miłości? A, przypomniałem sobie, w Biblii przecież zostało to wyjaśnione: wszystko przez to, że jabłko z zakazanego drzewa zerwał człowiek, spróbował i Bóg człowieka wygnał z raju. Nawet strażników przy bramie postawił, żeby nie wpuścić szkodników z powrotem.

— Władimirze, Bóg człowieka nie wygnał z raju.

— Nie? Wygnał! Czytałem o tym. A jeszcze do tego przeklął człowieka. Ewie powiedział, że jest grzesznicą i w bólach rodzić będzie. A Adam w pocie czoła jedzenie będzie musiał zdobywać. I właśnie tak jest teraz z nami.

— Władimirze, pomyśl sam. Być może logika taka lub jej brak jest dla kogoś korzystny i przyświeca jakiemuś celowi.

— Do czego jest tu potrzebna logika i czyjś tam cel?

— Uwierz mi, proszę. Każdy sam powinien nauczyć się orientować swoją własną duszą, rozumieć rzeczywistość. Tylko sam myśląc, będziesz mógł zrozumieć, że Bóg nie wypędził człowieka z raju, Bóg do tej pory jest dla wszystkich kochającym ojcem. Bóg jest miłością. O tym na pewno też czytałeś.

— Tak, czytałem.

— To w takim razie gdzie twoja logika? Przecież kochający ojciec nie wygoni z domu swojego dziecka. Kochający rodzic, sam cierpiąc niewygody, wybacza swoim dzieciom wszystkie przewinienia. I nie spogląda Bóg obojętnie na wszystkie cierpienia ludzi, swoich dzieci.

— Patrzy, nie patrzy — nie wiem, lecz dla wszystkich jest jasne, że się im nie przeciwstawia.

— O czym ty mówisz, Władimirze? Pewnie, że zniesie i ten ból od syna-człowieka. Jednak ileż można nie odbierać ojca? Jego miłości nie odczuwać i nie widzieć?

— I co ty tak od razu to przeżywasz? Powiedz konkretniej, gdzie, w czym są przejawy dzisiejszej miłości Boskiej?

— Kiedy będziesz w mieście, dokładniej się wszystkiemu przyjrzyj. Żywy dywan najwspanialszej trawy przykryty jest martwym asfaltem. Naokoło wielkie skupiska szkodliwego betonu nazywane domami, pomiędzy nimi snują się samochody, czadząc śmiertelnym gazem. Jeśli tylko wśród tych kamiennych skupisk znajdzie się choćby małą wysepkę prawdziwą, od razu rodzą się trawy i kwiaty stworzone przez Boga. Przez szelest liści i śpiew ptaków on cały czas nawołuje swoje córki i synów, aby zrozumieli, co się teraz dzieje, i powrócili do raju. Coraz bardziej gaśnie światło miłości na ziemi i dawno już zmniejszyłyby się odbicie słońca, jednak on swoją energią nieustannie wzmacnia również żywotność promieni słonecznych. On, tak jak i kiedyś, tak i teraz kocha swoje córki i synów. Wierzy i czeka, marząc o tym, jak pewnego dnia obudzony kolejnym świtem człowiek nagle zrozumie, a olśnienie jego przywróci ziemi pierwotny rozkwit.

— Jak to wszystko mogło się stać na ziemi, wbrew marzeniom Boga, i trwa nie wiadomo co tysiące, a nawet miliony lat? Jak można przez tyle czasu wciąż czekać i wierzyć?

— Dla Boga czas nie istnieje. Jak w kochających rodzicach, tak i w Nim wiara nie gaśnie. I dzięki tej wierze żyjemy po dziś dzień. Sami tworzymy swoje życie, korzystając z wolnej woli danej nam przez Ojca. Ale wybór drogi donikąd nie od razu był przez ludzi dokonany.

— Co znaczy: nie od razu? To w takim razie kiedy? Co w końcu oznacza „jabłko Adama"?

— W owych czasach, tak jak i dziś, wszechświat był wypełniony mnóstwem żywych energii, niewidoczne żywe istoty były wszędzie i wiele z nich podobnych było do drugiego „ja" człowieka. One, prawie jak ludzie, wszystkie wymiary bytów są zdolne objąć. Jednak nie dane jest im stać się materialnymi. Na tym polega przewaga człowieka nad nimi. A do tego jeszcze w kompleksach energetycznych istot wszechświata zawsze nad wszystkimi panuje jedna energia. I nie są zdolne do zmiany zależności pomiędzy tymi energiami. Wśród istot wszechświata istnieją jeszcze kompleksy energii podobnych do Boga. Podobne jednak Bogiem nie są. Na jedną chwilę zdolne są osiągnąć równowagę mnóstwa energii w sobie, jednakże nie są w stanie stworzyć żywych istot w harmonii, tak jak uczynił to Bóg. W całym wszechświecie nikomu nie udało się znaleźć odpowiedzi, ujawnić tajemnicy należnej Bogu, jaką siłą stworzony został materialny plan, gdzie, w czym znajdują się łączące go i cały wszechświat nici. Jak, jaką siłą plan ten może sam się odradzać. Kiedy ziemia i wszystko, co się na niej znajduje, było tworzone przez Boga, to ze względu na niesamowitą prędkość stwarzania nie nadążały zrozumieć te istoty, czym i jaką siłą Bóg tworzy świat. Kiedy wszystko już powstało i było widzialne, kiedy dostrzeżono, że człowiek jest silniejszy, to wpierw wprawiło większość w zdumienie, wielu popadło w zachwyt, a następnie ten wspaniały widok wywołał pragnienie stworzenia tego samemu. Stworzyć to samo, ale własne! Pragnienie się potęgowało. Przecież i dziś tkwi ono w wielu energetycznych istotach. W innych galaktykach, w innych światach próbowały stworzyć podobieństwo ziemi. Wykorzystywały nawet planety stworzone przez Boga. Większości udawało się stworzyć coś podobnego do bytu ziemskiego, ale tylko podobnego. Harmonii ziemi, wzajemnego połączenia wszystkiego ze wszystkim nikomu się nie udało osiągnąć. I tak we wszechświecie do dziś dnia jest życie na planetach, lecz życie to jest tylko ułomnym podobieństwem życia ziemskiego. Kiedy wiele podejmowanych prób nie tylko stworzenia czegoś lepszego, ale nawet powtórzenia tego samego okazało się daremnych (a tajemnicy swej Bóg nie zdradził), wtedy wiele z tych istot zaczęło się zwracać do człowieka. Dla nich było jasne: jeżeli człowiek jest stworzeniem boskim, jeśli jest kochany, to nie mógł jemu czegokolwiek nie dać kochający rodzic, a oprócz tego większe możliwości mógł Bóg przekazać człowiekowi — synowi swojemu. W rezultacie zaczęły zwracać się do człowieka wszystkie istoty wszechświata i do dziś przez cały czas starają się to robić. Przecież i dzisiaj są ludzie, którzy opowiadają społeczeństwu o tym, że ktoś niewidzialny z kosmosu rozmawia z nimi i nazywa siebie Rozumem i Siłą Dobra. Tak samo i wtedy, na samym początku, to z pouczeniem, to znowu z prośbą zwracały się do człowieka. Wszystkie pytania miały jedno znaczenie, tylko zamaskowane w różny sposób: „Powiedz, jaką siłą stworzona jest ziemia i wszystko, co na niej istnieje, w jaki sposób i z czego jesteś stworzony tak wielki, człowieku?". Jednak człowiek nikomu odpowiedzi takiej nie dał, bowiem wówczas, tak jak i dziś, jej nie znał. Ciekawość jednak w nim rosła i człowiek zaczął się domagać odpowiedzi od Boga. Nie bez przyczyny Bóg nie odpowiadał, dawał mu do zrozumienia, prosząc, by wyrzucił to pytanie z głowy: „Proszę cię, synu mój, twórz. Dane jest tobie tworzyć w przestrzeni ziemskiej i innych światach. To, co twoim marzeniem wymyślone, z pewnością się urzeczywistni. Błagam cię tylko o jedno, nie zastanawiaj się, jaka siła sprawia to wszystko".

— Anastazjo, nie mogę zrozumieć, dlaczego Bóg nawet człowiekowi — synowi swojemu nie chciał zdradzić techniki stworzenia?

— Mogę tylko przypuszczać. Nie odpowiadając nawet swojemu synowi, Bóg starał się ochronić go od biedy, zapobiegając wojnie wszechświata.

— Nie widzę żadnego związku pomiędzy brakiem odpowiedzi a wojną we wszechświecie.

— Gdyby została ujawniona tajemnica stworzenia, wtedy na innych planetach, w innych galaktykach mogłyby powstać formy życia w swojej sile równe ziemskim. Dwie siły zapragnęłyby się sprawdzić, możliwe, że to zmaganie byłoby pokojowe, ale prawdopodobnie byłoby podobne do ziemskich wojen. Wtedy miałyby swój początek gwiezdne wojny.

— Faktycznie, niech lepiej technika Boskiego tworzenia pozostanie w tajemnicy. Tylko żeby żadna z istot nie odgadła jej sama, bez podpowiedzi.

— Myślę, że nikt jej nigdy nie odgadnie.

— Skąd ta pewność?

— Bo jest i tajna, i jawna, a jednocześnie jej nie ma, i w tym samym momencie nie jest jedyna. Pewności dodaje mi słowo „stworzenie", kiedy dostawiasz do niego drugi człon.

— Jaki?

— Drugim słowem jest „natchnienie".

— I co z tego? Jaką moc mają te dwa słowa razem?

— One...

— Nie! Stój! Milcz! Przypomniałem sobie, jak opowiadałaś, że słowa nie znikają, ale znajdują się naokoło nas w przestrzeni i każdy może je usłyszeć. Czy tak rzeczywiście jest?

— Tak, to prawda.

— Inne istoty też mogą je usłyszeć?

— Tak.

— To nic nie mów. Po co dawać im podpowiedź.

— Nie denerwuj się, Władimirze, bo jeśli nawet uchylę im rąbka tajemnicy, to być może tym samym pokażę daremność i bezsensowność ich nieustannych prób. Żeby zrozumiały i przestały dręczyć człowieka.

— Jeśli tak, to powiedz mi, co oznacza „stworzenie" oraz „natchnienie".

— „Stworzenie" oznacza, że Bóg tworzył, wykorzystując wszystkie cząsteczki wszystkich energii wszechświata oraz własną, i nawet jeśli wszystkie istoty razem się połączą, żeby stworzyć coś na podobieństwo ziemi, zabraknie im jednej energii. Tej, która dana jest jako idea jedynie Bogu, narodzona w jednym boskim marzeniu. A „natchnienie" oznacza, że w porywie natchnienia urzeczywistniały się stworzenia. Czy któryś z mistrzów — wielkich malarzy tworzących w porywie natchnienia — mógł później wytłumaczyć, jak trzymał pędzel, gdzie stał, o czym myślał? Nie zwracał pewnie na to w ogóle uwagi, całkowicie pochłonięty pracą. Do tego jeszcze dołączona energia miłości wysłana na ziemię przez Boga. Ona jest wolna, nie podwładna nikomu i, zachowując wierność Bogu, służy tylko jednemu człowiekowi.

— Anastazjo! Jakie to wszystko ciekawe! Myślisz, że istoty te usłyszą i zrozumieją?

— Usłyszą, a być może i zrozumieją.

— A to, co ja mówię, też słyszą?

— Tak.

— To w takim razie jeszcze im dodam od siebie: „Hej, istoty! Czy już wszystko jasne? Żeby nigdy już nie czepiać się ludzi? I tak nie odgadniecie pomysłu Stwórcy!". I jak, Anastazjo, dobrze im powiedziałem?

— Bardzo wyraźnie brzmiały twoje ostatnie słowa: „I tak nie odgadniecie pomysłu Stwórcy!".

— Od jak dawna próbują go odgadnąć?

— Od momentu gdy ujrzały ziemię i ludzi aż po dziś dzień.

— W czym ich próby zaszkodziły Adamowi lub nam?

— W Adamie i Ewie wzbudziły pychę i egoizm. Udało się przekonać ich kłamliwym argumentem: „Żeby stworzyć coś doskonalszego, niż istnieje, należy rozłamać i popatrzeć, jak działa istniejące stworzenie". Adamowi często wmawiano: „Dowiedz się, jak wszystko jest zbudowane, a będziesz nad wszystkim górował". Miały nadzieję, że gdy Adam zacznie rozbierać stworzenia i uświadamiać sobie ich budowę i przeznaczenie, zrozumie, na czym polega wzajemne połączenie u wszystkich stworzeń boskich, to one będą widziały wszystkie zrodzone przez Adama myśli i pojmą, jak można tworzyć tak samo jak Bóg. Początkowo Adam nie zwracał uwagi na prośby i rady. Jednak pewnego dnia Ewa zdecydowała się zwrócić do Adama z radą: „Słyszę, jak głosy rozprawiają o tym, że wszystko nam będzie prościej i wspanialej wychodzić, gdy poznasz wewnętrzną budowę wszystkiego. To dlaczego tak uparcie nie chcesz posłuchać tych rad? Nie byłoby dobrze chociaż raz ich posłuchać?". Najpierw Adam złamał gałąź obwieszoną wspaniałymi płodami, a następnie... następnie... A teraz sam widzisz, że zatrzymała się w miejscu tworząca myśl człowieka. Aż do tej pory wciąż rozbiera, rujnuje, stara się poznać budowę wszystkiego oraz zatrzymaną w mgnieniu oka myślą tworzy swoje prymitywy.

— Poczekaj, Anastazjo, teraz to już w ogóle nic nie rozumiem. Dlaczego uważasz, że myśl człowieka została zatrzymana? Kiedy coś się rozkłada na części, to wręcz przeciwnie się to nazywa. Wtedy można dowiedzieć się czegoś nowego.

— Władimirze, człowiek jest tak ułożony, że nic nie musi rozbierać na części. W nim... Jak by ci to wyjaśnić, żebyś szybciej zrozumiał? W człowieku i bez tego przechowywana jest zakodowana informacja o budowie wszystkiego, co istnieje. Kod ten ujawnia się wtedy, kiedy w natchnieniu włącza on swoje tworzące marzenie.

— Ale nadal nie rozumiem, jaką szkodę mogą przynieść te rozbiórki i dlaczego zatrzymują myśli? Czy nie mogłabyś wyjaśnić tego na jakimś przykładzie?

— No, właśnie, spróbuję więc na przykładzie. Wyobraź sobie, prowadzisz samochód i nagle przychodzi ci do głowy, żeby sprawdzić, jak pracuje silnik i jak to się dzieje, że kręcą się przy tym koła. Zatrzymujesz swoje auto i zaczynasz na przykład rozbierać silnik.

— Dobrze, rozbiorę go, dowiem się, jak i co, i wtedy będę mógł sam go remontować. I co w tym może być złego?

— Ale kiedy będziesz go rozbierał, ruch zostanie zatrzymany i nie osiągniesz celu w wyznaczonym czasie.

— Za to dowiem się czegoś więcej o mojej maszynie. Czy to źle, że dowiem się czegoś nowego?

— Po co ci ta wiedza? Twoim przeznaczeniem nie jest remont, lecz rozkoszowanie się ruchem oraz tworzenie.

— Nieprzekonująco mówisz, Anastazjo. Żaden kierowca się z tobą nie zgodzi. No, może ci, którzy jeżdżą nowymi markami, japończykami lub mercedesami, bo one rzadko się psują.

— Stworzenia Boga nie tylko się nie psują, ale same mogą się regenerować, więc po co je rozbierać?

— Jak to: po co? Chociażby z samej ciekawości.

— Przepraszam, Władimirze. Jeżeli mój przykład jest nieadekwatny, pozwól, że spróbuję podać inny.

— To spróbuj.

— Stoi przed tobą piękna kobieta, rozpala cię pragnienie do niej, ponieważ bardzo ci się podoba. Ty również nie jesteś jej obojętny, pragnie się z tobą połączyć. Jednak na sekundę przed porywem waszych ciał ku sobie, ku stworzeniu, nagle przychodzi ci do głowy myśl, aby się dowiedzieć, z czego ta kobieta jest zbudowana, jakie organy pracują wewnątrz.

Żołądek, wątroba, nerki, co je, co pije. Jak będzie to wszystko pracowało w momencie intymnego zbliżenia.

— Już starczy, nic więcej nie mów. Podałaś bardzo dobry przykład. Nie będzie stosunku i stworzenia też nie będzie. Nic się nie uda, kiedy ta myśl przeklęta przyjdzie. Zdarzyło mi się coś podobnego. Podobała mi się pewna kobieta, ale nie chciała mi się oddać. A jak już się zgodziła, to nagle pomyślałem, jak by to wszystko urządzić, żeby było najlepiej, i nie wiem dlaczego zwątpiłem w swoje możliwości. W rezultacie nic z tego nie wyszło. Zniosłem taką hańbę, a do tego jeszcze nacierpiałem się ze strachu. Potem pytałem przyjaciela, czy spotkało go coś podobnego. Razem z nim poszedłem nawet do lekarza. Lekarz powiedział nam, że w tym przypadku zawiódł czynnik psychologiczny. Nie trzeba było wątpić i rozprawiać, co i jak. Myślę, że z powodu tego czynnika ucierpiało wielu mężczyzn. Teraz rozumiem, wszystko z powodu tych istot, Adama, i wszystko przez radę Ewy. Tak, niedobrze wtedy postąpili.

— Dlaczego winisz tylko Adama i Ewę? Popatrz, Władimirze, czy wszyscy ludzie nie tkwią uparcie w swoim błędzie? Przez cały czas działają przeciw boskim przepisom. Dla Adama i Ewy nie były zrozumiałe skutki tego działania, ale dlaczego dziś człowieczeństwo kontynuuje uparcie te wszystkie rozbiórki? Rujnować swoje tworzenie? Dzisiaj! Kiedy skutki są tak widoczne i żałosne.

— Nie wiem, może należałoby wszystkimi wstrząsnąć? Utknęliśmy czy co w nieprzerwanym trybie rozbiórek? Teraz pomyślałem, że Bóg powinien był odpowiednio ukarać Adama i Ewę. Wziąłby i trzepnął go po głowie, aby wybić z niej głupotę, przez którą teraz cierpi całe społeczeństwo, a Ewie dobrą gałązką po tyłku by nastrzelał, aby nie wyskakiwała ze swoimi radami.

— Władimirze, Bóg dał człowiekowi wolną wolę i w swoim zamyśle żadnych kar od siebie nie wymyślił. A do tego karą nie można zmienić tego, co stworzone w myślach. Złe postępki będą tkwić, dopóki nie zostanie zmieniona pierwotna myśl. Powiedz na przykład, kto, twoim zdaniem, wynalazł śmiercionośną rakietę z głowicą jądrową?

— W Rosji naukowiec Koroliow budował rakiety, a przed nim teoretycznie opowiadał Ciołkowski. Amerykańscy naukowcy też się do tego dołożyli. W rezultacie w budowie rakiet uczestniczy wiele ludzkich umysłów. W wielu państwach pracuje wielu wynalazców.

— Wynalazca wszelkich rakiet i śmiercionośnej broni tak naprawdę jest tylko jeden.

— Jak może być tylko jeden, kiedy nad budową rakiet pracują instytuty naukowe w różnych państwach i swoje przedsięwzięcia utrzymują w tajemnicy przed innymi? Wyścigi przemysłu zbrojeniowego polegają właśnie na tym, kto najszybciej i najdoskonalej zbuduje broń.

— Wszystkim ludziom, którzy nazywają siebie wynalazcami, niezależnie od tego, w jakim państwie żyją, ten jedyny wynalazca z wielką przyjemnością daje rady.

— Gdzie, w jakim państwie żyje ten jedyny i jak się nazywa?

— To jest myśl rujnowania. Na początku dopadła jednego człowieka, zawładnęła jego ciałem materialnym i stworzyła włócznię z kamiennym grotem. Następnie została przez nią stworzona strzała z żelaznym grotem.

— No, dobrze, skoro tak wszystko doskonale wie, to dlaczego od razu nie wyprodukowała rakiety?

— Materialny plan bytu ludzkiego nie od razu urzeczywistnia to, co pomyślane. Powolna materializacja prowadzona jest przez Stwórcę, aby wszystko należycie zrozumieć. Wszystkie starożytne włócznie i to, co jest teraz, a także broń przyszłości o wiele bardziej śmiercionośna dawno już były stworzone przez myśl zrujnowania. Żeby urzeczywistnić w ziemskim materialnym bycie nie tylko włócznie, potrzeba było wybudowania wielu zakładów, laboratoriów, nazwanych teraz naukowymi. Pod pozornie niewinnym pretekstem coraz więcej ludzi nawoływano do realizacji zamierzeń śmiercionośnej myśli.

— Do czego są jej potrzebne te nieustanne starania?

— Dla utwierdzenia się. Żeby zniszczyć zupełnie cały materialny plan ziemi. Żeby udowodnić całemu wszechświatowi i Bogu zwycięstwo swojej rujnującej energii. A działa ona przez ludzi.

— Ale wredna, chytra gadzina, jak by tu ją wypędzić z ziemi?

NALEŻY UNIKAĆ Z NIĄ
INTYMNYCH ZWIĄZKÓW

— Nie dopuszczać do przeniknięcia jej w siebie. Wszystkie kobiety muszą unikać intymnych związków z mężczyznami, których przeniknęła myśl zrujnowania, aby znowu i znowu jej nie odradzać.

— Coś takiego! Przecież jeżeli wszystkie kobiety się zmówią, to zwariują naukowe i wojskowe głowy.

— Władimirze, jeżeli kobiety tak postąpią, nie będzie wojen na ziemi.

— Faktycznie, fantastycznie rozwiązałaś problem wszystkich wojen. Ależ jesteś niesamowita, twoja koncepcja może zniweczyć wszystkie wojny. Ale się zamierzyłaś. Przecież faktycznie, który z mężczyzn zechce wojować, jeśli żadna kobieta później nie pójdzie z nim do łóżka i nie zrodzi mu potomstwa? Wychodzi na to, że ten, kto wojnę zaczyna, w rezultacie sam siebie oraz swoje potomstwo zabija.

— Jeśli wszystkie kobiety będą chciały tak czynić, to nikt nie będzie rozpoczynał wojny. Upadek Ewy w grzechu i swój odpokutuje przed sobą i przed Bogiem współcześnie żyjąca kobieta.

— Ale co wtedy będzie się działo na ziemi?

— Rozkwitnie ziemia ponownie kwieciem pierworodnym.

— Jesteś uparta, Anastazjo, i wciąż wierna swojemu marzeniu. Ale jednocześnie jesteś naiwna. Jak można wierzyć we wszystkie kobiety na ziemi?

— Jakże nie mam wierzyć kobietom, Władimirze, jeżeli mam pewność, że w każdej żyjącej dzisiaj kobiecie zawarta jest prawda boska? Niech w całej swojej piękności się przed nami otworzy. Boginie! Kobiety boskiej ziemi! Otwórzcie w sobie swoją istotę boską! Ukażecie się całemu wszechświatowi w pięknie pierworodnym. Jesteście stworzeniem doskonałym, z marzenia bowiem boskiego powstałyście. Każda z was jest zdolna poskramiać energie wszechświata. O, kobiety! Boginie całego wszechświata i całej ziemi!

— Anastazjo, jak można twierdzić, że wszystkie kobiety na ziemi są boginiami? Śmiech mnie ogarnia od twojej naiwności. Ha, pomyśleć

45

tylko, wszystkie są boginiami: i te stojące za ladą w różnych sklepach, i kelnerka, i sprzątaczki, i tak dalej. W kuchni, w domu codziennie wciąż smażą, gotują, hałasują naczyniami też boginie? W ogóle sama grzeszysz przeciw Bogu. Jak można narkomanki i prostytutki nazwać boginiami? No, dobrze, w świątyniach... lub ewentualnie na balu, kiedy tańczy piękna dama, zdarza się jeszcze powiedzieć: wygląda jak bogini. Lecz kopciuszka ubranego w niemodne ciuchy nikt boginią nie nazwie.

— Władimirze, kolejność współczesnych okoliczności właśnie zmusza boginie ziemskie do codziennego sterczenia w kuchni. Twierdziłeś, że jestem podobna do zwierzęcia, że mój byt jest prymitywny, a cywilizowany to ten, w którym żyjesz ty. To dlaczego kobiety w twojej cywilizacji większą część życia spędzają w ciasnej kuchni? Zmuszone są myć podłogi, taszczyć ciężary ze sklepu? Skoro jesteś taki dumny ze swojej cywilizacji, to dlaczego tyle w niej brudu? I dlaczego wspaniałe ziemskie boginie zamieniacie w swoje służące i sprzątaczki?

— Gdzie ty widziałaś sprzątaczki-boginie? Te, które są czegoś warte, błyszczą w konkursach piękności i opływają w luksusy. Wszyscy chcą się z nimi żenić. One wychodzą jednak tylko za najbogatszych. A kopciuszki różne nawet biednym nie są potrzebne.

– – Każda kobieta ma swoją urodę, ale nie każdy potrafi ją dostrzec. Tej wielkiej urody nie da się zmierzyć jak talii na przykład. Długość nóg, rozmiar biustu, kolor oczu nie są przy tym ważne. Uroda jest wewnątrz kobiety, i w małej dziewczynce, i w dojrzałej pani.

— No, tak, i w podstarzałych damach też jest. Jeszcze mi powiedz o babciach emerytkach! One, twoim zdaniem, też są wspaniałymi boginiami?

— Również są wspaniałe na swój sposób. Bez względu na kolejność poniżeń życiowych i wielu rozłamów losu każda kobieta, którą zaczęto nazywać babcią, pewnego dnia może sobie uświadomić, obudzić się o świcie, przejść się po rosie. Promieniem świadomości wschodu słońca się uśmiechnie i wtedy...

— I co wtedy?

— Nagle zmusi kogoś, aby ją pokochał, sama będzie kochana i odda jemu ciepło swej miłości.

— Komu?

— Temu jedynemu, który w niej boginię dostrzeże.

— To niemożliwe.

— Możliwe. Zapytaj starszych ludzi, a dowiesz się, ile płomiennych romansów przeżywają.

— Jesteś całkowicie pewna, że kobiety są zdolne zmieniać świat?

— Są zdolne! Zdolne bez wątpienia, Władimirze! Zmieniając priorytet swojej miłości, one, jako doskonałe stworzenie Boga, przywrócą ziemi wspaniały pierwotny wygląd, całą ziemię przekształcą w kwitnący ogród boskiego marzenia. One — stworzenia Boga! Wspaniałe boginie boskiej ziemi.

TRZY MODLITWY

— Cały czas mówisz o Bogu, Anastazjo, a jak ty się modlisz i czy w ogóle to robisz? Wielu ludzi prosi w listach, by cię o to zapytać.

— Władimirze, co rozumiesz pod określeniem „modlić się"?

— Jak to co, czy to nie jest jasne? Modlić się... to znaczy... modlić się. Nie rozumiesz znaczenia tego słowa?

— Te same słowa ludzie odbierają różnie i różny widzą w nich sens. Właśnie dlatego, żeby mówić jaśniej, zapytałam cię, jak rozumiesz sens modlitwy?

— Prawdę powiedziawszy, nie za bardzo myślałem o sensie. Ale jedną, najważniejszą modlitwę znam na pamięć, czasami nawet ją odmawiam — tak na wszelki wypadek. Chyba jest w niej jakiś sens, skoro wielu ją odmawia.

— To znaczy, że wyuczyłeś się modlitwy, a nie zapragnąłeś poznać jej sensu?

— Nie to, że nie chciałem, po prostu nie zastanawiałem się jakoś nad tym. Myślałem, że skoro dla wszystkich jest zrozumiała, to po co mam się zastanawiać nad sensem. Modlitwa to jakby zwykła rozmowa z Bogiem.

— Jeżeli najważniejszą modlitwę uważasz za rozmowę z Bogiem, to powiedz, jak można z Bogiem, ojcem swoim, bez sensu rozmawiać?

— Nie wiem jak, ale co ty masz z tym sensem? Na pewno był znany temu, kto ją napisał.

— Przecież ty sam z siebie chciałbyś rozmawiać ze swoim Ojcem.

— No, właśnie, każdy z ojcem chciałby obcować osobiście.

— Ale jakże można „osobiście", wymawiając przy tym obce słowa i jeszcze na dodatek nie zastanawiając się, co za nimi stoi?

Na początku irytowała mnie trochę dociekliwość Anastazji odnośnie sensu zapamiętanej przeze mnie modlitwy, ale później nawet mnie samego zaciekawił włożony w modlitwę sens. Dlatego że myśl sama przyszła do głowy: „Jak to jest? Nauczyłem się modlitwy, powtarzałem ją niejednokrotnie, ale o tym, co w niej jest, prawie nie myślałem. Ciekawe byłoby się tego dowiedzieć, skoro już się nauczyłem". Wtedy zwróciłem się do Anastazji:

— Dobrze, pomyślę kiedyś nad tym sensem — a ona odparła:

— A dlaczego „kiedyś"? Czy zaraz, tu, nie mógłbyś odmówić swojej modlitwy?

— Dlaczego nie? Mogę oczywiście.

— To odmów, Władimirze, modlitwę, tę, którą określasz jako najważniejszą ze wszystkich i za pomocą której próbowałeś rozmawiać z Ojcem.

— Przecież ja tylko jedną znam. Nauczyłem się jej dlatego, że wszyscy ją uznali jakby za najważniejszą.

— No, niech będzie, odmów modlitwę, a ja w tym czasie prześledzę twoją myśl.

— Dobrze, posłuchaj: „Ojcze nasz, któryś jest w niebie, święć się Imię Twoje. Przyjdź królestwo Twoje. Bądź wola Twoja jako w niebie, tak i na ziemi. Chleba naszego powszedniego daj nam dzisiaj. I odpuść nam nasze winy, jako i my odpuszczamy naszym winowajcom. I nie wódź nas na pokuszenie. Ale nas zbaw ode złego. Amen".

Umilkłem i zerknąłem na Anastazję. Spuściła głowę, nie patrzyła na mnie i też milczała. Siedziała tak, milcząc smutno, aż w końcu nie wytrzymałem i zapytałem:

— Dlaczego milczysz, Anastazjo? — a ona, nie podnosząc głowy, powiedziała:

— Co ja mam ci powiedzieć, Władimirze, co chcesz usłyszeć?

— Jak to co? Przecież odmówiłem modlitwę nawet bez zająknięcia. Podobała ci się? Mogłabyś coś powiedzieć zamiast milczeć.

— Kiedy odmawiałeś modlitwę, Władimirze, próbowałam śledzić twoje myśli, uczucia oraz sens apelu do Boga. Sens modlitwy jest dla mnie zrozumiały, ale ty nie wszystkie słowa w niej rozumiesz. Twoja ledwo narodzona myśl pękała, gubiła się, a uczuć i zmysłów nie było w ogóle. Nie poznałeś znaczenia większości słów modlitwy, nie apelowałeś do nikogo, po prostu klepałeś.

— Przecież odmawiałem ją jak wszyscy. Byłem w cerkwi, tam słyszałem jeszcze więcej niezrozumiałych słów. Słyszałem, jak odmawiają to inni ludzie. Klepią jak katarynki i nic więcej. A ja przeciwnie, wszystko dokładnie, powoli tobie odmówiłem, żebyś zrozumiała.

— Ale wcześniej powiedziałeś: „Modlitwa jest apelem do Boga".

— Tak, tak powiedziałem.

— Przecież Bóg, Ojciec nasz jest osobowością, jest żywą substancją i zdolny jest odczuwać i rozumieć, kiedy rodzi się prawdziwy kontakt. A ty...

— Co ja? Przecież tłumaczę ci, wszyscy tak mówią, zwracając się do Boga.

— Wyobraź sobie, że twoja córka Polina nagle zacznie monotonnie do ciebie mówić, a w zdania będzie wplatać niezrozumiałe nawet dla siebie słowa. Czy tobie, ojcu, spodoba się takie zwrócenie się córki do ciebie?

Kiedy wyobraziłem sobie taką sytuację, zrobiło mi się niemiło.

Przede mną stoi moja córeczka, klepie jak opętana, sama nie wiedząc, czego chce. Postanowiłem wtedy: „O, nie! Powinno się ułożyć w sposób zrozumiały tę modlitwę, nie można bezsensownie wypowiadać słów. Wynika z tego, że wychodzę na ułomnego głupka przed Bogiem. Niech każdy jak chce klepie od niechcenia, a ja obowiązkowo postaram się tę modlitwę zrozumieć. Tylko trzeba by było znaleźć tłumaczenie dla niezrozumiałych słów. Zastanawiam się tylko, w jakim celu w cerkwi mówią niezrozumiałym językiem?", a głośno powiedziałem:

— Wiesz, tu chyba jest niedokładne i niepełne tłumaczenie i właśnie z tego powodu myśl moja, jak powiedziałaś, gubiła się i pękała.

— Władimirze, można zrozumieć sens i z tym tłumaczeniem. Oczywiście są w niej słowa, które już wyszły z użycia, ale sens jest jasny, kiedy pomyślisz nad nim i zdecydujesz, co jest dla ciebie najważniejsze ze wszystkiego i najprzyjemniejsze dla Ojca. Czego pragniesz, kierując do Ojca modlitewny apel?

— Chyba tego, co jest zawarte w słowach. Tego, przypuszczam, ja też pragnę. Żeby chleba dał powszedniego, wybaczył grzechy i winy, żeby nie prowadził nas na pokuszenie, lecz uchronił od wszelkiego złego, czyli wszystko jest tam jasne.

— Władimirze, jedzenie dla synów i córek swoich Bóg w całości oddał jeszcze przed ich narodzinami. Rozejrzyj się dookoła, to wszystko już dawno dla ciebie stworzone. Grzechy kochający rodzic i bez prośby wybacza. Na pokuszenie nawet nie myśli nikogo prowadzić i każdemu wcielił zdolność do opierania się wszelkiemu złu. To dlaczego w takim razie obrażasz Ojca niewiedzą tego, co przez Niego już dawno stworzone? Wokół ciebie istnieją wszystkie wieczne dary od Niego. Co jeszcze może ofiarować kochający rodzic swojemu dziecku, skoro oddał mu już wszystko?

— A jeśli czegoś nie oddał?

— Bóg jest maksymalistą. Synów i córki swoje od samego początku we wszystko wyposażył. We wszystko! W całości. On jako rodzic bezgranicznie kochający swoje dziecko nie wyobrażał sobie większej błogości niż radowanie się ze szczęśliwego życia swoich dzieci! Swoich synów i córek! Powiedz, Władimirze, jak może się czuć ojciec, oddawszy swoim dzieciom wszystko od początku i widząc je nieustannie wyciągające do niego ręce: „Jeszcze, jeszcze, uchroń, uratuj, wszyscy jesteśmy bezbronni, wszyscy jesteśmy niczym". Odpowiedz, proszę, czy ty jako rodzic lub czy któryś z twoich przyjaciół chcielibyście mieć takie dzieci?

— Wiesz, nie będę tu i teraz odpowiadać na to pytanie. Sam się w tym odnajdę, kiedy spokojnie pomyślę.

— Tak, tak, oczywiście, dobrze, Władimirze. Ale kiedy znajdziesz czas, to proszę, pomyśl, co chciałby usłyszeć od ciebie Ojciec oprócz twoich próśb?

— A co, Bóg również może od nas czegoś chcieć? Czego?

— Tego, co każdy od swojego dziecka pragnie usłyszeć.
— Powiedz, Anastazjo, czy ty sama kiedykolwiek zwracasz się do Boga w modlitwie?
— Tak — odpowiedziała — zwracam się.
— To odmów mi swoją modlitwę.
— Tobie nie mogę, dlatego że moja modlitwa jest przeznaczona wyłącznie dla Boga.
— To mów do Boga, a ja przy okazji posłucham.

Anastazja wstała, wzniosła ręce ku górze, odwróciła się plecami i wymówiła pierwsze słowa. Zwykłe słowa modlitwy, jednak... wewnątrz mnie jakby wszystko drgnęło. Wymawiała je tak, jak my mówimy, ale nie modlitwę. Mówiła w taki sposób, w jaki ludzie zwracają się do swych najbliższych, kochanych i krewnych. Wszystkie tonacje prawdziwego obcowania tkwiły w jej głosie. I namiętność, i radość, i wielki zachwyt, jakby obok znajdował się ten, do kogo Anastazja zwracała się tak płomiennie:

> Ojcze mój, któryś jest wszędzie!
> Za światło życia, za jawność królestwa
> Dziękuję Tobie.
> Dzięki za wolę kochania. Nastanie dobro!
> Za strawę powszednią Tobie dziękuję!
> I za Twoją cierpliwość,
> I za odpuszczenie win na Twojej ziemi,
> Ojcze mój istniejący wszędzie.
> Jam jest córka Twoja wśród stworzeń Twoich.
> Nie dopuszczę grzechu i słabości w sobie,
> Będę godna Twego dzieła.
> Ojcze mój istniejący wszędzie.
> Jam jest córka Twoja, ku Twojej radości
> Sobą Twoją sławę pomnożę.
> Przyszłe wieki będą żyć zgodnie z Twoim marzeniem.
> I niech tak się stanie! Bo tego pragnę!
> Ja, córka Twoja, Ojcze mój, któryś jest wszędzie!

Anastazja umilkła, nadal obcowała ze wszystkim, co było naokoło. Wydawało mi się, że wokół niej świeci światło. Kiedy wypowiadała słowa swojej modlitwy i była obok mnie, to naokoło działo się coś niewidzialnego i to coś dotknęło i mnie. Nie zewnętrznym, lecz wewnętrznym dotykiem. I od tego nagle poczułem błogość i ukojenie. Jednak w miarę oddalania się od Anastazji stan ten również i mnie opuszczał. Wtedy powiedziałem do niej:

— Tak odmówiłaś tę modlitwę, jakby obok był ktoś zdolny na nią odpowiedzieć.

Anastazja odwróciła się, w moim kierunku, miała radosny wyraz twarzy. Rozłożyła ręce na boki, okręciła się, uśmiechając się, następnie, poważnie patrząc mi w oczy, powiedziała:

— Władimirze, Bóg Ojciec nasz również do każdego przemawia z błaganiem i na każdą modlitwę odpowiada.

— Dlaczego więc nikt nie rozumie Jego słów?

— Słowa? Tak wiele jest niepodobnych do siebie języków, dialektów, lecz jest język jeden dla wszystkich. Jeden dla wszystkich — ten, którym przemawia do nas Bóg Ojciec. Utkany jest z szelestu liści, śpiewu ptaków i szumu fal, ma zapachy i kolory. Przez ten język Bóg na każdą prośbę i modlitwę daje modlitewną odpowiedź.

— Czy mogłabyś przetłumaczyć, wyrazić słowami, co On do nas mówi?

— Mogłabym jedynie w przybliżeniu.

— Dlaczego w przybliżeniu?

— Ponieważ nasz język jest znacznie uboższy od tego, którym Bóg do nas przemawia.

— To chociaż powiedz jak potrafisz.

Anastazja spojrzała na mnie. Nagle wyciągnęła ręce do przodu i głos jej... Wybuchnęła głębokim głosem:

Synu mój, mój drogi synu!
Jak długo czekam. Nieustannie czekam.
Mijają lata, mijają wieki, nadal czekam.
Wszystko tobie oddałem — cała ziemia jest twoja.
Jesteś wolny we wszystkim, sam swą wybierasz drogę.

Tylko proszę, synu mój, mój synu drogi,
Abyś był szczęśliwy, tylko o to błagam,
Nie widzisz mnie ani nie słyszysz,
W twoim umyśle zwątpienie i smutek.
Odchodzisz, lecz dokąd? Dążysz, lecz ku czemu?
I klękasz przed kimś.
Wyciągam ręce do ciebie,
Synu mój, mój synu drogi,
Proszę cię, bądź szczęśliwy!
I znowu odchodzisz, a droga donikąd.
Idąc tą drogą, ziemia wybuchnie.
Masz wolną wolę, a świat wybucha, niszcząc twój los.
Masz wolną wolę, lecz ja przetrwam.
Z ostatniej trawy ciebie odrodzę.
I znów świat zajaśnieje dookoła.
Tylko bądź szczęśliwy, taka jest prośba moja.
W obliczach świętych jest smutek srogi,
Straszą cię piekłem i sądem.
Sędziów wyślemy — mówią do ciebie.
A ja modlę się tylko o moment jeden,
Kiedy będziemy znów razem.
Wierzę, że wrócisz, wiem, że ty przyjdziesz,
Znów cię obejmę.
Ja – nie ojczym! Nie ojczym!
Jam twój ojciec — i ty, syn mój rodzony.
Mój synu drogi, będziemy ze sobą szczęśliwi.

Anastazja zamilkła, a ja nie od razu przyszedłem do siebie. Jakbym nadal słuchał wszystkiego, co brzmiało naokoło, a być może słuchałem, jak we mnie samym, we wszystkich moich żyłkach, w niezwykłym rytmie pędziła krew. Co mnie tak poruszyło? Sam nie mogę pojąć do tej pory.

Anastazja na swój sposób, płomiennie, odmawiała modlitwę Boga do człowieka. Prawdziwe były te słowa czy nie? Kto to powie? I dlaczego, kto to może wyjaśnić, one tak silne wzbudzają uczucia? I co ja teraz robię? Czy w świadomym wzruszeniu długopisem wodzę po kartce, czy też nieświadomie... Tracę rozum? Może jej słowa przeplatają się z tymi, które śpiewają dziś w jej imieniu Bardowie? Wszystko możliwe. Inni być może zrozumieją to za mnie. Ja również postaram się zrozumieć, kiedy skończę pisać. I znowu piszę. Jednak znów, tak samo jak tam w lesie, jakby przedzierając się przez kurtynę, brzmią we mnie wersy tajgowych modlitw. I znów pytam siebie, dręczące pytanie do dziś rodzi się we mnie. Powstaje przez obrazy naszego życia i rozmyślanie. Boję się sam sobie na nie odpowiedzieć, ale trzymać go jedynie w sobie też już nie mam siły. Być może ktoś znajdzie przekonującą odpowiedź.

Modlitwa! Ta modlitwa Anastazji! To tylko słowa! Słowa tajgowej pustelnicy, niewykształconej, z sobie tylko właściwym myśleniem i trybem życia. Jedynie słowa. Ale za każdym razem, kiedy znowu brzmią, pęcznieją żyły na ręce, którą piszę, a krew w nich szybciej pulsuje. Pulsuje, mierząc sekundy, w których powinna paść decyzja: co jest lepsze i jak dalej mamy żyć? Czy prosić dobrego Ojca — zbaw, uchroń, oddaj, podaruj? Czy tak właśnie, zdecydowanie, z całego serca, tak jak ona, gorąco zadeklarować:

Ojcze mój, istniejący wszędzie,
Nie dopuszczę grzechu i słabości w sobie,
Jestem synem Twoim, ku Twojej radości
Sobą Twoją sławę pomnożę...

Sens jakiej modlitwy będzie dla niego bardziej przyjemny? Co ja lub wszyscy razem powinniśmy robić? Jaką mamy iść drogą?

Ojcze mój, istniejący wszędzie,
Nie dopuszczę grzechu i słabości w sobie...

Ale skąd mam wziąć tyle siły, żeby tak to powiedzieć? Żeby wykonać to, co już zostało powiedziane?

RÓD ANASTAZJI

— Anastazjo, powiedz mi, jak to się stało, że ty i twoi prarodzice, odseparowani od społeczeństwa, przez tysiące lat żyliście w głuchym lesie? Jeżeli twierdzisz, że całe społeczeństwo jest jednym organizmem, wszyscy mają wspólne korzenie, to dlaczego twój ród między nimi wygląda jak wygnaniec?

— Masz rację, wszyscy pochodzą od jednego rodzica i również są rodzice, których widzimy na co dzień. Ale w każdym losie człowieka jest wola swobodnego wyboru własnej drogi, prowadzącej do określonego celu. Wybór człowieka zależy od uczuć i wychowania.

— Kto w takim razie tak wychował twoich dalekich przodków, że aż do dzisiaj twój ród tak się wyróżnia trybem życia na przykład albo rozumowaniem?

— W dawnych czasach... Powiedziałam: w dawnych, a to było jakby wczoraj. Nie, lepiej powiem ci inaczej: kiedy nadeszły czasy, w których człowieczeństwo zaczęło nie wspólnie tworzyć, ale rozbierać stworzenia boskie, kiedy leciały już włócznie, a skóry oddanych ludziom zwierząt stały się oznaką statusu społecznego, kiedy zmienił się sposób myślenia i wszystko dążyło drogą prowadzącą ku dzisiejszym czasom, gdzie myśl ludzka nie tworzy, lecz analizuje, wtedy nagle ludzie zaczęli się zastanawiać, dlaczego mężczyzna i kobieta, kochając się, są zdolni odczuwać wielką rozkosz i zadowolenie. Wtedy po raz pierwszy mężczyźni zaczęli brać kobiety, a kobiety siebie im oddawać nie w imię stworzenia, lecz aby osiągnąć przyjemne dla obojga zaspokojenie. Wydawało się im, tak jak wydaje się i dziś żyjącym, że to uczucie przychodzi za każdym razem, kiedy ma miejsce połączenie męskiego i żeńskiego pierwiastka, ich płci — widocznych ciał. W istocie zaspokojenie, czyli satysfakcja z połączenia tylko ciał fizycznych, jest niepełne i ulotne. W czynach tylko ku swojej uciesze nie uczestniczą inne plany bytu człowieka. A człowiek dążył do osiągnięcia pełnej rozkoszy, zmieniając ciała, sposoby ich łączenia, jednak do tej pory w pełni jej nie otrzymał. Smutnym rezultatem seksualnych uciech stały się dzieci. Z tego powodu dzieci te zostały pozbawione świadomych dążeń do celu w imię zrealizowania boskiego marzenia. Od tej pory kobiety zaczęły rodzić w mękach, a dorastające dzieci zmuszone były żyć w cierpieniu, brak trzech wymiarów bytu nie pozwalał im odnaleźć szczęścia. I tak dotarliśmy do dnia dzisiejszego.

Jedna z pierwszych kobiet, która w mękach urodziła dziecko, zauważyła, że jej nowo narodzona córeczka podczas porodu uszkodziła nóżkę i była tak słaba, że nawet nie zapłakała. Zauważyła jeszcze, że ten, który upajał się z nią w rozkoszy, pozostał obojętny na narodziny córki i z inną kobietą zaczął swoje uciechy. Wtedy kobieta, która przypadkowo została matką, rozzłościła się na Boga, szorstko zabrała nowo narodzoną dziewczynkę i jak najdalej od wszystkich pobiegła do niezamieszkałej przez nikogo leśnej głuszy.

Zatrzymawszy się, by złapać oddech, ocierając łzy z policzków, zrozpaczona do Boga w złości wykrzyczała słowa: „Dlaczego w twoim, jak twierdzisz, wspaniałym świecie jest ból, jest zło, jest zdrada? Nie czuję zadowolenia, gdy patrzę na świat przez ciebie stworzony, jestem cała w rozpaczy i pali mnie złość. Przez wszystkich jestem odrzucona. A ten, z którym się oddawałam rozkoszy, teraz się z inną zabawia, a o mnie zapomniał. I to ty ich stworzyłeś. On jest twój, ten, który mnie zdradził i sprzedał. I ona, która go teraz pieści, przecież też jest twoja. To są twoje stworzenia, prawda? A ja? Co teraz? Chcę ich udusić, złość mnie na nich pali. Twój świat stał się dla mnie bez radości, co za los wybrałeś dla mnie? Dlaczego półmartwe i szpetne dziecko zrodziło się ze mnie? Nie chcę, żeby je oglądano, nie cieszy mnie taki widok". Ta kobieta nie położyła, lecz rzuciła w leśną trawę ledwo żywy kłębuszek — córeczkę swoją. W rozpaczy i złości wykrzyknęła, zwracając się do Boga: „Niech nikt nie zobaczy mojej córki! A ty patrz, patrz na te cierpienia istniejące wśród twoich stworzeń. Ona nie będzie żyła, nie będę karmić swego rodzonego dziecka. Złość spala mleko w mojej piersi. Odchodzę, a ty patrz! Patrz, jak wiele na świecie stworzonym przez ciebie niedoskonałości. Niech umiera przed tobą to, co narodzone. Niech umiera wśród stworzeń, które z twojej mocy powstały!". Matka w złości i rozpaczy uciekała od własnego dziecka. A nowo narodzona dziewczynka, ledwie oddychający, bezradny kłębuszek, została sama w leśnej trawie. Ta dziewczynka była właśnie moją daleką pramamą, Władimirze. Bóg odczuł w całej mierze idącą z ziemi rozpacz i złość. Smutek i współczucie ogarnęło Boga na widok szlochającej, nieszczęśliwej kobiety. Jednak kochający, ale niewidoczny ojciec nie mógł zmienić jej losu. Na biegnącej w rozpaczy kobiecie był wieniec wolności właśnie przez niego dany. Każdy człowiek sam buduje swój los. Wymiar materialny nie jest nikomu podporządkowany i tylko człowiek jest jego jedynym pełnoprawnym właścicielem. Bóg — osobowość, ojciec wszystkiego, nie w ciele on istnieje. Nie w ciele. Ale kompleks wszystkich energii wszechświata jest w nim zawarty, cały kompleks uczuć odpowiadających uczuciom człowieka również w nim istnieje. Może radować się i martwić, smucić się, gdy jego syn lub córka drogę ku cierpieniu wybierają. Ojcowską miłością do wszystkich płonie, codziennie wszystkich, bez wyjątku, całą ziemię promykiem miłości pieści. Dni mijają, ale On nie traci nadziei, że córki jego i synowie pójdą boską drogą. Nie na rozkaz i nie ze strachu, ale tylko wykorzystując wolną wolę, określą oni swoją drogę ku wspólnemu tworzeniu, ku odrodzeniu i radości z oglądania wspólnego stworzenia. Nasz ojciec wierzy w nas i czeka, i życie sobą kontynuuje. Cały kompleks uczuć ludzkich jest w naszym ojcu. Czy ktoś może sobie wyobrazić, co czuł ojciec, nasz Bóg, kiedy w jego lesie, wśród jego stworzeń, jego nowo narodzone dziecko powoli umierało? Nie płakała ta dziewczynka ani nie krzyczała. Maleńkie serduszko zwalniało rytm. Tylko momentami usteczkami szukała sutka rodzicielki, chciała pić. Bóg nie ma cielesnych rąk. Wszystkowiedzący nie był w stanie dziewczynki do swej piersi przytulić. Co może jeszcze dać ten, który wszystko już oddał? Wtedy, zdolny wypełnić cały wszechświat energią swojego marzenia, przemienił się w mały kłębek nad lasem. W mały kłębek, który gdyby szybko wrócił do pierwotnej postaci, zdolny byłby zniszczyć wszystkie nieogarnięte światy galaktyk. On skoncentrował nad lasem energie swojej miłości. Miłości do wszystkich swoich stworzeń. On przez nie w swoich czynach ziemskich się przejawiał. I wtedy...

Już zsiniałych ust leżącej na trawie dziewczynki dotknęła kropla deszczu i w tym samym momencie powiał ciepły wietrzyk, zdmuchnął z drzewa pyłek, a dziewczynka go wchłonęła. Dzień już się skończył i noc nastała, a dziewczynka nie umierała. Leśne istoty, wszystkie zwierzęta ogarnięte boską miłością przyjęły dziewczynkę jak swoje dziecko. Mijały lata, dziewczynka wyrosła na piękną dziewczynę. Nazwę ją Lilit. Kiedy stąpała po trawie jaśniejącej zorzą, „Lilit!" — wszystko krzyczało radośnie. Lilit uśmiechem rozświetlała i pieściła otaczający świat stworzony przez Boga. Wszystko, co ją otaczało, odbierała tak jak my odbieramy swoją matkę i ojca. Kiedy już dorosła, coraz częściej podchodziła na skraj lasu. Cicho chowając się wśród traw i krzaków, obserwowała, jak ludzie, tak przecież do niej podobni, prowadzili dziwny tryb życia. Coraz bardziej oddalali się od boskich stworzeń. Budując swój dach nad głową, rujnowali wszystko naokoło, z jakiegoś powodu ubierali się w skóry zwierząt. Zachwycali się, zabijając boską istotę, i wychwalali tego, kto zabijał najszybciej i najskuteczniej. Z martwego wciąż coś tworzyli. Wtedy jeszcze Lilit nie wiedziała, że budując z żywego martwe, ludzie uważali się za mądrych.

Dziewczyna chciała pójść do ludzi i powiedzieć im, że może wszystkim przynieść radość. Pragnęła wspólnego tworzenia oraz szczęścia na jego widok. Coraz bardziej rosła w niej potrzeba zrodzenia żywego stworzenia boskiego. Coraz częściej kierowała swój wzrok na jednego mężczyznę. W porównaniu z innymi wydawał się niepozorny. Włócznią rzucał niedaleko, na polowaniu był uważany za nieudacznika, często był zamyślony i cicho śpiewał, w odosobnieniu często o czymś marzył. Pewnego dnia Lilit wyszła do ludzi. W koszu uplecionym z wikliny niosła żywe dary leśne ludziom w osadzie oraz stojącej przy zabitym słoniątku grupie mężczyzn spierających się o coś. I on był wśród nich, jej wybranek. Ujrzawszy ją, wszyscy umilkli. Lilit była przepiękna, nie okryła swego ciała, bo nie wiedziała, że u mężczyzn nad wszystkim panuje pociąg płciowy. Cały tłum mężczyzn rzucił się w jej kierunku. Ona, położywszy swe dary na trawie, w zdziwieniu patrzyła, jak płonęły żądzą oczy biegnących ku niej mężczyzn. I on, jej wybranek, też podążał za nimi.

Już z oddali Lilit poczuła, jak fala agresji szarpnęła cienkie struny jej duszy. Cofnąwszy się nieco, szybko się odwróciła i zaczęła uciekać przed zbliżającymi się polującymi mężczyznami. Gonili ją przez dłuższy czas rozochoceni żądzą. Lilit biegła lekko, wcale się nie męcząc, a goniący ją zalewali się potem. Nie było im dane dotknąć Lilit. Nie wiedzieli ci, którzy pragnęli to piękno dogonić, że aby je poznać, najpierw trzeba w sobie samym to piękno posiadać. Myśliwi zmęczyli się pogonią. Lilit zniknęła im z oczu, poczłapali więc z powrotem i zabłądzili. W końcu odnaleźli właściwą drogę. Tylko jeden nadal błądził w lesie. Zmęczony usiadł na pniu drzewa i zaśpiewał. Lilit cicho siedziała w ukryciu, obserwowała go i słuchała, jak śpiewa ten, którego wybrała, ale też ten, który razem ze wszystkimi udał się w pogoń za nią. W końcu jednak wyszła z ukrycia, stojąc w znacznej odległości od niego, aby pokazać mu drogę do obozu. Wtedy on poszedł, a nie pobiegł za nią. Kiedy podeszli razem na skraj lasu i zobaczył ogniska swojego taboru, zapomniawszy o wszystkim, od razu do niego popędził. Lilit patrzyła na swojego wybranka. Serce jej to w sposób niezwykły kołatało, to znów zamierało, kiedy w myślach powtarzała: „Bądź szczęśliwy wśród innych, mój ukochany. Bądź szczęśliwy. O, jak pragnę nie smutną twą pieśń, lecz szczęśliwą usłyszeć tu, w moim lesie".

Pędzący mężczyzna nagle się zatrzymał, w skupieniu odwrócił się w stronę lasu, następnie popatrzył w zadumie na swój obóz i ponownie na las. Nagle odrzucił włócznię i poszedł pewnym krokiem. Szedł tam, gdzie siedziała w ukryciu Lilit. Kiedy mijał jej schronienie, Lilit, nie odrywając wzroku, patrzyła w ślad za nim i być może wzrokiem miłości go zatrzymała. Odwrócił się i podszedł do Lilit. Stał obok niej, a ona nie uciekała. Dotknęła jego dłoni swoją, jeszcze zlęknioną dłonią i, wziąwszy się za ręce, poszli razem, zanim zdążyli jeszcze powiedzieć choć słowo. W stronę polanki, gdzie mieszkała Lilit, szli mój ojciec-poeta i moja pramama. Leciały lata, ich ród się rozrastał. W każdym pokoleniu moich przodków znajdował się ktoś, kogo opanowało pragnienie, aby pójść tam, gdzie żył inny naród, fizycznie podobny, ale z innym losem. Udawali się tam pod różnym pozorem. Wtapiali się to w wojowników, to znów w kapłanów, to starali się wybić jako naukowcy lub jako poeci błyszczeli swoją poezją. Starali się przekonać o innej drodze ku szczęściu człowieka, o tym, że istnieje obok cały czas ten, kto to wszystko stworzył, tylko nie należy się przed nim zamykać dla zadowolenia materialistycznej krzątaniny. **Nie wolno hołdować innym istotom oprócz Ojca.** Starali się to przekazać i ginęli. Ale nawet jeśli zostawała tylko jedna kobieta lub jeden mężczyzna, to przez energię miłości odnajdowali siebie wśród wszystkich żyjących w innym systemie wartości i przedłużali swój ród, którego pomysły i tryb życia były niezmienne od samego początku.

ABY ODCZUWAĆ CZYNY WSZYSTKICH LUDZI

— Poczekaj, poczekaj, Anastazjo, taka myśl mnie przeszyła. Przecież twierdziłaś, że wszyscy ginęli, i to trwa już od tysiącleci. Czy wszystkie próby są daremne, ponieważ człowieczeństwo idzie swoją własną drogą?

— Tak, wszystkie próby były daremne, tak moich pramatek, jak i praojców.

— To znaczy, że wszystkich likwidowano?

— Tak, ginęli wszyscy ci, którzy szli do ludzi i tłumaczyli im.

— Przecież to znaczy tylko jedno: że ty również zginiesz jak wszyscy! Przecież też zaczęłaś mówić. W tej sytuacji głupio jest mieć na coś nadzieję. No, przecież jeśli nikomu nie udało się zmienić świata, obrazu życia społecznego, to po co ty...

— Ale po co mówić o śmierci naprzód, Władimirze? Popatrz, jestem tu i nadal żyję, a obok ty, i nasz synek rośnie.

— Ale skąd u ciebie ta pewność? Co zmusza do wiary w to, że właśnie ty zwyciężysz wbrew nieudanym próbom twoich przodków? Ty, tak jak oni, tylko mówisz.

— Uważasz, że tylko mówię? Przyjrzyj się kiedyś wnikliwiej moim frazom, Władimirze. Nie dla umysłów są one. Nie ma w nich nic, co nie zostało już powiedziane, ale w większości czytelników wzbudzają burzliwe uczucia, bowiem są tak zbudowane, że ludzie dużo widzą pomiędzy wierszami. Poezja ich własnej Duszy uzupełnia niedopowiedziane luki. I mówię teraz o Prawdzie boskiej nie ja, lecz oni sami ją odnajdują. Coraz więcej się ich znajduje i teraz nikomu nie uda się zepchnąć ich z drogi wymarzonej przez Boga. Nie skończyła się jeszcze moja misja, ale już w duszach wielu zrodziło się pragnienie długo wyczekiwane przez Stwórcę. To jest najważniejsze. Kiedy Dusza dąży do czegoś w marzeniu, to obowiązkowo, uwierz, obowiązkowo wszystko w życiu się spełni.

— Powiedz mi w takim razie, dlaczego wcześniej takimi frazami nie przekazywano tej Prawdy ludziom?

— Nie wiem, być może Stwórca błysnął jakąś nową energią! Mówiący po nowemu o tym, co codziennie widzimy, ale nie przydajemy temu odpowiedniego znaczenia. Może zmysły mnie nie zawiodą. Wyraźnie czuję, on znów zaczyna przyspieszać wszystkie swoje energie. Świt nadchodzi nad całą ziemię. Córki ziemskie i synowie jego poznają życie takim, jakie stworzyła je energia Boskiego marzenia. I ty, i ja przyłożymy do tego rękę. Ale najważniejsze! Najważniejsze jest to, że już są ci pierwsi, którzy zdołali zrozumieć myśli zawarte pomiędzy wersami, te myśli, które jak muzykę Duszy wcieliły w ludzi energie Stwórcy. Wszystko się udało! Wszystko się już zdarzyło! Już w myślach ludzie starają się budować nowy świat.

— Anastazjo, mówisz tak ogólnie. Powiedz konkretnie, co ludzie powinni robić, jak i w jaki sposób zbudować ten świat, w którym wszyscy będą żyli szczęśliwie?

— Dzisiaj nie mogę ci dokładnie tego wytłumaczyć. Powstało wiele traktatów przez ten cały okres życia ludzi na ziemi. Przed wieloma z nich ludzie upadali w hołdzie. Jednak wszystkie były pozbawione sensu. Traktaty nie są w stanie zmienić świata i dowodem na to jest tylko jeden punkt.

— Jaki punkt? Czegoś tu nie rozumiem.

— Ten punkt we wszechświecie, gdzie znajduje się kres wszystkiego. Ten punkt, w którym znajduje się dzisiaj całe społeczeństwo. I wszystko zależy od tego, w którą stronę skieruje swój na–stęp–ny krok. Wszystko to świadczy o tym, że nie ma żadnego sensu w tych traktatach, całe społeczeństwo od początku stworzenia kieruje się tylko uczuciami.

— Pomału, pomału, a ja to niby co? Nie kierowałem się w życiu rozumem?

— Władimirze, ty, tak jak wszyscy inni ludzie, rozumem zmieniałeś tylko stosunek materii, starając się za pośrednictwem tej materii przeżyć uczucia, te zmysły, o których każdy człowiek wie intuicyjnie, których poszukuje, lecz odnaleźć nie może.

— Jakie uczucia? Czego każdy poszukuje? O czym ty mówisz?

— O tym, co ludzie odczuwali tam, u pierwszych źródeł, kiedy ich życie było jeszcze rajem.

— Chcesz powiedzieć, że tak się naharowałem swoim rozumem tylko dlatego, żeby poznać te rajskie zmysły?

— Przecież zastanów się, Władimirze, po co to wszystko robiłeś?

— Jak to po co? Jak wszyscy układałem życie swoje, swojej rodziny, żeby czuć się nie gorzej niż inni.

— „Żeby czuć się..." — powiedziałeś.

— Tak powiedziałem.

— A teraz spróbuj zrozumieć: „Żeby czuć"... czyny wszystkich ludzi.

— Jak „wszystkich"? Czyny narkomanów to co, też są poszukiwaniem zmysłów?

— Oczywiście. Tak jak i wszyscy starają się te zmysły odnaleźć, krocząc własną drogą. Stosując truciznę, skazują swe ziemskie ciało na męki, żeby chociaż na chwilę, chociaż w przybliżeniu pomogła im te wielkie zmysły poznać. Również pijak, zapominając o wszystkim, krzywiąc się, pije gorzką truciznę tylko dlatego, że w nim też żyje poszukiwanie cudownych zmysłów. Również całkowicie wytęża swój umysł naukowiec, wynajdując nowy mechanizm, i przy tym uważa, że to pomoże jemu i innym poznać rozkosz satysfakcji. Jednak daremnie. W ciągu całej swojej historii wiele ludzka myśl nawymyślała bezsensownego. Władimirze, przypomnij sobie, ciebie również otacza mnóstwo przedmiotów tam, gdzie żyjesz. I każdy z nich uważano za osiągnięcie myśli naukowej. Praca wielu ludzi była poświęcona ich powstaniu. Powiedz mi, proszę, czy któryś z nich uczynił cię szczęśliwym, zadowolonym z życia?

— Który?... Który?... No, być może, tak osobno wzięty — to żaden. Ale wszystkie razem na pewno bardzo życie ułatwiają. Na przykład samochód osobowy, siadasz za kierownicą i jedziesz, gdzie chcesz. Na dworze pada i jest zimno, a w maszynie można włączyć ogrzewanie. Na ulicy upał, wszyscy zalewają się potem, a ty włączasz klimatyzację i jest świeżo wokół ciebie. W domu, w kuchni na przykład jest mnóstwo urządzeń dla kobiet.

Nawet zmywarki są, żeby kobiety od pracy odciążyć. Również są od-
kurzacze, żeby ułatwić sprzątanie i jeszcze czas zaoszczędzić. Przecież dla
wszystkich jest zrozumiałe, że wiele urządzeń może ułatwić nam życie.

— Niestety, Władimirze, iluzoryczne są te ułatwienia. Swoim skró-
conym życiem oraz cierpieniami zmuszona jest za nie codziennie płacić
cała ludzkość. Żeby posiadać bezduszne przedmioty, ludzie przez całe
życie, jak niewolnicy, zmuszeni są właśnie wykonywać nielubianą pracę.
Bezduszne przedmioty powstają naokoło i są jak wskaźnik stopnia nie-
zrozumienia przez człowieka sedna wszechświata. Człowieku! Przyjrzyj
się dokładniej dookoła: żeby otrzymać kolejny bezduszny przedmiot, bu-
dujecie zakłady czadzące śmiertelnym smrodem, woda stała się martwa,
a ty... ty, człowieku, dla nich przez całe swoje życie jesteś zmuszony wy-
konywać nielubianą pracę. I nie one tobie, lecz ty im służysz, wynaj-
dując, remontując i hołdując im. A oprócz tego powiedz mi, Władimirze,
który z wielkich naukowców, mędrców wynalazł i w jakim zakładzie wy-
produkował tamten mechanizm, aby służył człowiekowi?

— Jaki tamten?

— Wiewiórkę z orzeszkiem, która jest pod moją ręką.

Popatrzyłem na rękę Anastazji. Trzymała ją dłonią do dołu gdzieś
około metra od trawy, a na trawie równolegle pod dłonią, na tylnych łap-
kach stała rudawa wiewiórka. W przednich łapkach trzymała cedrową
szyszkę. Ruda mordka to schylała się do szyszki, to znów zadzierała
w górę, patrząc okrągłymi, błyszczącymi oczkami na Anastazję. Anasta-
zja uśmiechała się, patrząc na zwierzątko, nie ruszała się i wciąż trzy-
mała nad nim rękę. Wiewiórka nagle położyła szyszkę na trawie i zaczęła
się nad nią krzątać. Przednimi łapkami, swoimi pazurkami łuskała szysz-
kę i wyskubywała z niej mały orzeszek. I znów stając na tylne nóżki, pod-
niosła mordkę, jakby częstowała orzeszkiem Anastazję, jakby prosiła,
aby wziąć go z jej łapek, ale Anastazja nadal siedziała na trawie, nie
ruszając się. Wtedy wiewiórka skinęła głową, szybko rozgryzła łupinkę
orzeszka i swoimi łapkami i pazurkami rozdzieliła ziarenko od skorupy,
i położyła je na listku trawy. Następnie zwierzątko wyciągało kolejne
orzeszki z cedrowej szyszki, nadgryzało łupinki, a jądra składało na
liściu. Anastazja opuściła rękę i położyła na trawie dłonią do góry, a wtedy

wiewiórka wszystkie oczyszczone już orzechy pospiesznie przełożyła z liścia na dłoń. Anastazja drugą ręką delikatnie pogłaskała puszyste zwierzątko, które nagle zamarło. Następnie podskoczyło do Anastazji, stanęło, radośnie patrząc jej w twarz.

— Dziękuję! — Anastazja wymówiła pod adresem wiewiórki. — Dzisiaj jesteś fajna jak nigdy, piękności moja, no, już idź, idź, ty moja gospodyńko, i znajdź godnego siebie wybranka — i wyciągnęła rękę w stronę pnia rozłożystego cedru.

Wiewiórka dwukrotnie obiegła Anastazję w podskokach i popędziła w kierunku wskazanym ręką człowieka. Wskoczyła na pień i znikła w koronie cedru. A na wyciągniętej ku mnie dłoni leżały czyste ziarna cedrowego orzecha. „No, faktycznie! To jest dopiero mechanizm — pomyślałem. — Sama zrywa produkt, jeszcze go przenosi, w dodatku pozbawia łupiny, opieki ani remontu nie wymaga i energii elektrycznej nie zużywa". Spróbowałem orzeszków i zapytałem:

— A wielcy wojownicy: Aleksander Macedoński, Cezar, władcy, którzy wywoływali wojny, również Hitler — to co, oni też szukali tych pierwotnych źródeł?

— Oczywiście, chcieli czuć się władcami całej ziemi. Podświadomie uważali, że takie uczucie jest pokrewne uczuciom intuicyjnie poszukiwanym przez wszystkich. Mylili się jednak.

— Uważasz, że się mylili? Dlaczego tak myślisz? Przecież nikt jeszcze nie zdołał zawojować całego świata.

— Ale zdobywali miasta oraz państwa. O każde miasto trzeba było stoczyć walkę. Zwyciężali, ale satysfakcja zdobywców ze zwycięstwa nie trwała długo. W rezultacie dążyli do jeszcze większego podboju i kontynuowali wojny. Pozyskując państwa, i to niejedno, nie radość odczuwali, ale przeciwnie: zmartwienie, obawę, że mogą wszystko stracić, i na nowo próbowali szukać satysfakcji drogą wojennych starć. Ich umysł zagubiony w tej krzątaninie już nie mógł zaprowadzić ich ku marzeniom wielkich zmysłów boskich. Smutny był koniec wszystkich wojujących władców ziemi. I to głosi znana nam wszystkim historia. Jednak niestety krzątanina, motanina oraz kolejność materialistycznych dogmatów nie pozwalają żyjącym dzisiaj określić, gdzie i w czym czeka na nich boskie uczucie.

TAJGOWY OBIAD

Za każdym razem, kiedy bywałem w tajdze na polance u Anastazji, zawsze zabierałem jakiś prowiant. Brałem ze sobą jakieś konserwy, zapakowane hermetycznie ciasteczka, rybę w plastrach zapakowaną próżniowo, i zawsze, wracając od Anastazji, odkrywałem moje zapasy nie ruszone. A jeszcze do tego dodawała coś od siebie. Zazwyczaj były to orzeszki, świeże jagody zawinięte w liście, suszone grzyby. Jesteśmy nauczeni używać grzybów dobrze ugotowanych, smażonych, marynowanych lub solonych. Anastazja używa ich suszonych bez żadnej obróbki. Początkowo bałem się ich nawet spróbować, później jednak spróbowałem — dobre było. Kawałek grzyba w ustach staje się miękki pod wpływem śliny, można go ssać jak cukierek, można przeżuć i połknąć, później nawet do nich przywyknąłem. Kiedyś jechałem z Moskwy do Gelendżyka na spotkanie z czytelnikami i przez cały dzień jadłem tylko grzyby, dane przez Anastazję na drogę. A Sołncew — dyrektor moskiewskiego centrum, prowadził samochód i też podjadał te grzyby. Prowadząc konferencję, zaproponowałem, aby spróbowali ich siedzący na sali, i ludzie się nie przestraszyli. Komu starczyło, wziął po jednym grzybku, zjadł od razu i nikomu nic złego się nie stało.

Goszcząc u Anastazji, nie pamiętam, żebyśmy specjalnie usiedli do jakiegoś konkretnego posiłku. W biegu próbowałem tego, co proponowała Anastazja, i ani razu nie przyszło uczucie głodu. Tym razem jednak...

Może zbyt długo zastanawiałem się nad sensem modlitwy Anastazji i dlatego nie zauważyłem, kiedy ona zdążyła nakryć, jeśli można tak to określić, wielki stół. Na trawie, na różnych wielkich i małych liściach znajdowały się smakołyki, zajmowały powierzchnię większą niż metr kwadratowy. Wszystko tak pięknie było uszykowane, przystrojone. Borówka, malina, czarna i czerwona porzeczka, suszona poziomka, grzyby suszone, jakaś żółtawa kaszka, trzy maleńkie ogórki i dwa nieduże czerwone pomidory, i mnóstwo pęczków różnej trawy, przystrojonych płatkami kwiatów.

Jakiś biały płyn podobny do mleka był nalany do małego drewnianego korytka. Placki zrobione nie wiem z czego, miód w plastrach, posypany różnokolorowymi kulkami kwiatowego pyłku.

— Usiądź, Władimirze, spróbuj chleba naszego powszedniego, który dał nam Bóg — zaproponowała, zmyślnie się uśmiechając, Anastazja.

— Ale widok! — nie mogłem się powstrzymać od zachwytu. — Nie do wiary, jak pięknie to wszystko zaserwowałaś. Tak jak najlepsza gospodyni w święta.

Anastazja ucieszyła się z pochwały jak dziecko, zaśmiała się i, nie odrywając oczu od swych dań, nagle machnęła rękami i westchnęła:

— Ojej, jaka ze mnie dobra gospodyni, gdy zapomniałam o przyprawach! Przecież lubisz ostre przyprawy. Lubisz, prawda?

— Lubię.

— A dobra gospodyni właśnie o nich zapomniała. Zaraz się poprawię. — Popatrzyła naokoło, pobiegła niedaleko, coś tam rwała w trawie. Następnie w innym miejscu, później w krzakach, i wkrótce położyła pomiędzy ogórkami i pomidorami mały pęczek zestawiony jako bukiecik różnych z wyglądu ziół, i powiedziała: — To są przyprawy, one są ostre, jeśli chcesz, to spróbuj, teraz jest już wszystko na stole. Spróbuj wszystkiego po trochu, Władimirze.

Wziąłem ogórek, popatrzyłem na te tajgowe różności i powiedziałem:

— Szkoda, że nie ma chleba.

— Jest chleb — odpowiedziała Anastazja — popatrz — i podała mi jakąś bulwę. — To jest korzeń łopucha, tak go przyrządziłam, że będzie ci smakował jak chleb lub ziemniak, a może nawet zastąpić marchewkę.

— Nie słyszałem, żeby łopuch nadawał się do jedzenia.

— Nie bój się, spróbuj. Kiedyś z niego gotowano wiele smacznych i pożywnych dań. Najpierw spróbuj, trzymałam go w mleku, zmiękł...

Chciałem zapytać, skąd wzięła mleko, ale ugryzłem ogórek... i już nic nie mówiłem, dopóki ogórka nie dojadłem, i to bez chleba. A tę bulwę zastępującą chleb wziąłem od Anastazji, jednak nie spróbowałem jej, nadal trzymając w ręce, aż nie zjadłem ogórka. Wiecie co, ten z pozoru zwykły ogórek smakował całkiem inaczej niż poprzednie, które jadłem.

Ogórek tajgowy miał bardzo przyjemny, niepowtarzalny aromat. Z pewnością wiecie państwo, jak różnią się smakowo ogórki wyhodowane w szklarniach od tych z odkrytego, naturalnego gruntu. Rosnące na polu mają znacznie lepszy smak i zapach. Ogórek Anastazji był znacznie smaczniejszy od tych, które jadłem z grządek. Szybko wziąłem pomidora, spróbowałem i zjadłem całego od razu. Jego smak również był niezwykle przyjemny. On także przewyższał smakiem wszystkie pomidory kiedykolwiek przeze mnie jadane. Ani ogórek, ani pomidor nie potrzebowały soli, śmietany ani oleju, były smaczne same w sobie. Podobnie jak malina, jabłko czy pomarańcze. Przecież nikt nie będzie solić czy słodzić jabłka lub gruszki.

— Skąd wzięłaś te warzywa, Anastazjo? Pobiegłaś do wioski? I co to za odmiana?

— Sama je wyhodowałam. Smakowały ci, tak?

— Smakowały! Pierwszy raz takie jadłem. Z tego wynika, że masz ogród i szklarnie? Czym spulchniasz grządki, skąd bierzesz nawozy, z wioski?

— Z wioski wzięłam tylko nasiona od znajomej kobiety. Wybrałam miejsce dla nich wśród trawy i wyrosły. Pomidory zasadziłam jesienią, zimą przechowałam je pod śniegiem, a z przyjściem wiosny one zaczęły rosnąć. Ogórki wysiałam wiosną i te maleństwa zdążyły dojrzeć.

— Ale co jest powodem, że są tak smaczne? Nowa odmiana czy co?

— Zwykła odmiana, taka jak wszystkie. Różnią się od ogrodowych tylko dlatego, że otrzymały wszystko co niezbędne. W warunkach ogrodowych, kiedy rośliny starają się uchronić od kontaktu z innymi roślinami, kiedy ich wzrost przyspiesza się nawozami, nie są w stanie wchłonąć w siebie wszystkiego co niezbędne i stać się samowystarczalne, aby spodobać się człowiekowi.

— Skąd masz zatem mleko? I z czego są te placki? Byłem pewny, że w ogóle nie używasz jedzenia pochodzenia zwierzęcego, a tu proszę, mleko...

— To mleko nie pochodzi od zwierząt. Mleko stojące przed tobą dał cedr.

— Jak to cedr? Czy drzewo jest zdolne dawać mleko?

— Jest, ale rzadko które. Na przykład cedr ma tę zdolność, spróbuj. Wiele jest zawarte w tym napoju. Nie tylko ciało może nasycić stojące przed tobą mleko cedru. Nie pij wszystkiego od razu, spróbuj dwa, trzy łyki, inaczej niczego nie będziesz chciał już jeść, nasyciwszy się tym jednym.

Zrobiłem trzy łyki, mleko było gęste, miało przyjemny, delikatnie słodkawy smak. Odczuwało się jeszcze idące od niego ciepło, jednak nie takie jak od podgrzanego mleka krowiego. Cudownie delikatne ciepło wypełniało moje wnętrze i zdawało się, że poprawia mój nastrój.

— Smaczne to cedrowe mleko, Anastazjo, bardzo dobre! Jak trzeba „doić" cedr, żeby otrzymać coś takiego?

— Nie doić. Młode jądra orzecha w specjalnym drewnianym naczyniu powinno się spokojnie, dokładnie, z dobrym nastrojem rozcierać i rozcierać patyczkiem. Żywej źródlanej wody dodawać po trochu, i tak otrzymuje się mleko.

— Czy nikt wcześniej o tym nie wiedział?

— Kiedyś większość wiedziała, ale i do dzisiaj w tajgowych wioskach piją cedrowe mleko. W miastach wolą zupełnie inne jedzenie, nie tyle pożywne, ile łatwe do przechowywania, transportu i przyrządzenia.

— Masz rację, w miastach trzeba wszystko robić szybko. Ale to mleko... Co to za drzewo ten cedr! Sam cedr może dawać orzechy, olej, mąkę do placków i mleko.

— A jeszcze wiele niezwykłego może uczynić.

— A co niezwykłego na przykład?

— Najwspanialsze perfumy można zrobić z jego eterycznych olejków. Samowystarczalne i uzdrawiające. Żadne sztuczne perfumy nie są w stanie przewyższyć ich aromatu. Fluidy cedru reprezentują sobą ducha Wszechświata, mogą uleczyć ciało i odgradzają człowieka od złego.

— Czy mogłabyś zdradzić, jak otrzymać takie perfumy z cedru?

— Oczywiście, mogę, ale najpierw pojedz sobie jeszcze trochę.

Schyliłem się, by sięgnąć po pomidora, ale Anastazja mnie pohamowała:

— Powoli, Władimirze, nie jedz tak.

— Jak?

— Przygotowałam wiele różnych rzeczy, żebyś najpierw wszystkiego spróbował, żeby on cię trochę podleczył.

— Jaki on?

— Twój organizm, kiedy wszystkiego spróbujesz, sam sobie wybierze to co niezbędne. I ty zechcesz zjeść więcej tego, co wybrał. Twój organizm sam określi, czego mu brakuje.

„To dziwne — pomyślałem. — Pierwszy raz złamała swoje zasady". Rzecz w tym, że Anastazja leczyła mnie już dwa razy, jakieś choroby wewnętrzne. Dokładnie jakie, nie wiem. Ale odczuwałem je przez silne bóle żołądka, wątroby lub nerek, a może wszędzie naraz. Ból był dotkliwy, a znieczulające tabletki nie zawsze pomagały. Wiedziałem jednak: przyjadę do Anastazji, to mnie wyleczy, jej to szybko idzie. Ale za trzecim razem odmówiła mi leczenia. Nawet bólu całkowicie swoim wzrokiem nie usunęła, stwierdzając, że skoro nie zmieniam swojego sposobu życia i nie usuwam tego, co powoduje choroby, to i leczyć mnie nie wolno, bo w takim przypadku leczenie tylko szkodzi. Wtedy poczułem się bardzo urażony i już nie ponawiałem prośby o leczenie. Po powrocie jednak paliłem mniej i ograniczyłem się w piciu alkoholu. Nawet zafundowałem sobie kilkudniową głodówkę. Poczułem się lepiej. Wtedy pomyślałem, że nie trzeba za każdym razem pędzić do lekarza lub zwracać się do uzdrowiciela, można samemu wziąć się w garść, kiedy ból cię chwyci. Lepiej oczywiście, żeby nie chwytał. Nie udało mi się samemu siebie wyleczyć do końca, ale o pomoc Anastazji zdecydowałem się już nie prosić. Ona niespodziewanie sama ją zaoferowała.

— Przecież mówiłaś, że już nigdy nie będziesz mnie leczyć, a nawet łagodzić bólu.

— Bólu twojego nigdy już nie będę likwidować. Ból — to jest rozmowa Boga z człowiekiem. Ale tak jak teraz — można. Przecież proponuję ci tylko jedzenie i to nie przeciwstawia się naturze, ale zaprzecza im.

— Komu?

— Tworzącym niszczący program dla człowieka.

— Jaki niszczący program? O czym ty mówisz?

— O tym, że zarówno ty, Władimirze, jak i większość ludzi odżywiacie się zgodnie z ustalonym programem. Bardzo szkodliwym programem.

— Może ktoś tam odżywia się zgodnie z programem. Wiele jest różnych — na odchudzanie, na tycie, ale ja odżywiam się po swojemu. Nie czytałem nawet żadnego programu. Idę do sklepu i wybieram to, na co mam ochotę.

— No, właśnie, wybierasz, przychodząc do sklepu, ale wybierasz ściśle z propozycji sklepu.

— No, tak... w sklepie jest teraz wszystko dobrze podzielone i popakowane. Ponieważ jest bardzo duża konkurencja, wszyscy starają się dogodzić konsumentowi, wszystko robią dla wygody klienta.

— Uważasz, że wszystko jest zrobione dla wygody klienta?

— Tak, a dla kogo jeszcze może być?

— Wszystkie systemy technicznego sposobu istnienia zawsze pracują tylko na siebie, Władimirze. Czy jest korzystne dla ciebie otrzymywać przemrożone i zakonserwowane produkty, na wpół martwą wodę? Czy to twój organizm określił asortyment znajdujących się w sklepie produktów? System technicznego świata przywłaszczył sobie funkcję zabezpieczenia cię we wszystko niezbędne do życia. Zgodziłeś się z tym, całkowicie mu zaufałeś i nawet przestałeś się zastanawiać, czy zaproponowano ci wszystko, co niezbędne.

— Ale ciągle żyjemy i nie umieramy z tego powodu.

— Oczywiście, jeszcze żyjesz. Ale ten ból! Skąd ten ból?! Zastanów się, skąd ten ból u większości ludzi. Choroby, bóle są nienaturalne dla człowieka, są wynikiem nieodpowiedniej drogi. Zaraz się o tym przekonasz. Przed tobą teraz leży tylko mała część tworów boskiej przyrody. Skosztuj wszystkiego po trochu, a to, co ci zasmakuje, zabierzesz ze sobą. Wystarczą trzy doby, aby zwyciężyć twoje choróbska małymi ziółkami, które sam wybierzesz.

Spróbowałem wszystkiego po trochu w trakcie mowy Anastazji. Niektóre pęczki zieleniny były bez smaku, inne wręcz przeciwnie — chciało się jeść bardziej. Później przed moim odjazdem Anastazja włożyła do mojej torby to, co zasmakowało mi najbardziej podczas obiadu. Jadłem to przez trzy dni. I ból całkowicie ustąpił.

ONE SĄ ZDOLNE ZMIENIĆ ŚWIAT?

— Dlaczego zawsze jest tak, Anastazjo, że kiedy opowiadasz o swoich prarodzicach, znacznie więcej mówisz o swoich matkach, kobietach, a o mężczyznach, swoich ojcach, prawie wcale? Jakby wszyscy twoi ojcowie w twoim rodzie nie zasługiwali na większą uwagę. A być może ty, twój kod genetyczny lub Promień nie pozwalają ci widzieć i odczuwać twoich prarodziców w linii męskiej? Nawet jest mi przykro z powodu takiego traktowania mężczyzn, twoich ojców.

— Dzieła zarówno moich ojców, jak i mam też mogę odczuwać i widzieć, kiedy tylko zechcę. Ale rzadko które dzieło moich ojców jestem w stanie zrozumieć i określić znaczenie ich w dniu dzisiejszym dla wszystkich ludzi i dla siebie.

— Opowiedz mi, proszę, chociażby o jednym z twoich ojców, którego czynów nie możesz do końca zrozumieć. Jesteś kobietą, trudno jest ci pojąć mężczyzn. Mnie będzie łatwiej, bo jestem mężczyzną. Jeśli zrozumiem, wtedy będę mógł pomóc zrozumieć tobie.

— Tak, tak, oczywiście, opowiem ci o tym moim ojcu, któremu udało się poznać i stworzyć żywe substancje siłą większe niż cała broń dzisiejsza i przyszła. Nic, co jest stworzone przez człowieka, nie może się im przeciwstawić. Zdolne są zmieniać ziemski świat, niszczyć galaktyki lub stwarzać inne światy.

— Niewiarygodne! Gdzie teraz jest to wielkie dzieło?

— Każdy człowiek na ziemi może je stworzyć, jeśli zrozumie i poczuje... Część tej tajemnicy ojciec przekazał egipskim kapłanom. Dlatego teraz, dzisiaj, władcy ziemscy rządzą w państwach zgodnie ze schematem i mechanizmem tych kapłanów. Coraz mniej rozumieją sens i mechanizm rządzenia. On się nie udoskonalał, ale degradował w ciągu wieków.

— Chwila, chwila, to znaczy twierdzisz, że dzisiejsi prezydenci rządzą państwami zgodnie ze schematami lub według wskazówek starożytnych kapłanów egipskich?

— Od tamtych czasów nikt nie dodał niczego konkretnego do schematu rządzenia, nie ma dzisiaj w państwach ziemskich świadomości mechanizmu rządzenia zespołem ludzi.

— Przecież bardzo trudno przekonać się do tego w biegu. Spróbuj wytłumaczyć wszystko po kolei.

— Tak, postaram się wszystko dokładnie opowiedzieć, a ty spróbuj zrozumieć.

* * *

Przed dziesiątkami lat, kiedy świat jeszcze nie poznał wielkości Egiptu, kiedy takie państwo jeszcze nawet nie istniało, społeczeństwo było podzielone na wiele plemion. Oddzielnie od reszty ludzi, według własnych reguł, żyła jedna rodzina, mój praojciec i moja pramama. Wszystko jak na początku, jak w raju, otaczało ich na polanie. Dwa słońca miała moja piękna pramama. Jedno to, które świeciło swoimi promieniami rankiem, budząc wszystko do życia, a drugim był jej wybranek.

Zawsze budziła się pierwsza, kąpała w rzece, ogrzewała się światłem promieni wschodzącego słońca, obdarowywała wszystkich swoim światłem i czekała. Czekała, kiedy obudzi się on, jej ukochany. Budził się, a ona łapała jego pierwsze spojrzenia. Kiedy spotykał się ich wzrok, zamierało wszystko dookoła. Miłość i żar, rozkosz i zachwyt przestrzeń chłonęła w zachwycie. W radości i szczęściu mijały ich dni. Ojciec w zamyśleniu zawsze obserwował słońce zmierzające ku zachodowi, a potem śpiewał. Pramama w tajonym zachwycie przysłuchiwała się pieśni. Wtedy jeszcze nie rozumiała, jak słowa wplecione w pieśń formowały obraz nowy i niezwykły. Coraz częściej chciała o nim słuchać i ojciec, jakby czując pragnienie mojej pramamy, śpiewał, za każdym razem coraz jaskrawiej malując niezwykłe rysy. I wtedy ten obraz zamieszkał między nimi.

Pewnego ranka, przebudziwszy się, mój ojciec nie napotkał jak zwykle spojrzenia miłości, ale to go nie zdziwiło. Spokojnie wstał i przeszedł się lasem. W ustronnym miejscu zauważył siedzącą w ciszy moją pramamę. Stała w samotności, tuląc się do cedru. Ojciec objął przygnębioną mamę, lecz ona nie podniosła na niego wilgotnych oczu. Delikatnie dotknął spływającej po policzku łzy i powiedział do niej czule:

— Wszystko wiem, myślisz o nim, moja kochana. Myślisz o nim i nie ma w tym twojej winy. Niewidzialny stworzony przeze mnie obraz, niewidzialny, a bardziej przez ciebie kochany niż ja. To nie twoja wina, kochana moja. Odchodzę, odchodzę teraz do ludzi. Poznałem już sztukę tworzenia wspaniałych obrazów i powinienem o tym ludziom opowiedzieć. Co wiem ja, i inni będą mogli poznać. I wspaniałe obrazy zaprowadzą ludzi do pierworodnego ogrodu. Nie istnieją we wszechświecie substancje silniejsze od żywych obrazów. Nawet miłość twoją do mnie obraz przeze mnie stworzony był w stanie zwyciężyć. Teraz wielkie obrazy będę mógł tworzyć i one będą służyć ludziom.

Drżały ramiona mojej pramamy i drżący głos szepnął:

— Dlaczego? Ty, mój jedyny, stworzyłeś pokochany przeze mnie obraz. On jest niewidzialny. A ty, realny, odchodzisz ode mnie. Nasze dziecko już porusza się we mnie. Co mam mu powiedzieć o ojcu?

— Wspaniałe obrazy stworzą pięknym nasz świat. Obraz ojca nasz dorastający syn sam sobie przedstawi. Jeśli będę godny zaistnieć w obrazie wyrażonym przez mego syna, to on mnie pozna. Jeżeli jednak nie, to zostanę z boku, żeby nie przeszkadzać dążeniu ku wspaniałości, ku marzeniu.

Niezrozumiały przez mamę odchodził mój praojciec. Szedł do ludzi. Szedł z wielkim odkryciem. Szedł dla wszystkich swoich przyszłych synów i córek w dążeniu, aby świat pięknym dla wszystkich uczynić.

NIEZWYKŁA SIŁA

W tamtych czasach żyjące na ziemi plemiona walczyły ze sobą. Każde z nich starało się wychować jak najwięcej żołnierzy i wśród nich za niepozornych uważano tych, którzy podążali drogą poezji i uprawy ziemi. W każdym plemieniu byli kapłani, którzy zastraszali innych, jednak nie mieli jasnego celu, strach innych ludzi był dla nich pociechą i każdy sycił swoje ego tym, że jakby więcej niż inni otrzymał od Boga. Z kilku plemion mojemu ojcu udało się zebrać około dziewiętnastu kapłanów i poetów. Jedenastu poetów-śpiewaków, siedmiu kapłanów i mój praojciec. Spotykali się w odosobnionym miejscu, na pustkowiu. Grupa śpiewaków siedziała bardzo skromnie, oddzielnie zasiadali napuszeni kapłani. Mój ojciec mówił do nich:

— Nienawiść i wojny plemion można zakończyć. Ludzie wtedy zaczną żyć w jednym państwie. Będzie w nim rządził sprawiedliwy przywódca i każda rodzina wyzbędzie się biedy wojny. Ludzie zaczną sobie pomagać i społeczeństwo odnajdzie drogę do rajskiego ogrodu.

Ale kapłani wyśmiali go, tłumacząc:

— Któż zechce swoją władzę z własnej woli przekazać komuś innemu? Żeby zjednoczyć wszystkie plemiona, musi znaleźć się ktoś najsilniejszy, kto wszystkich pokona, a przecież ty nie chcesz wojen. Naiwna jest twoja mowa. Po cóż nas zaprosiłeś, niemądry głosicielu? — Kapłani już mieli się rozejść, lecz ojciec zatrzymał ich słowami:

— Jesteście mędrcami, wasza mądrość jest niezbędna do tworzenia przepisów dla ludzkiego społeczeństwa. Mogę obdarować każdego z was taką siłą, że żadna broń stworzona ręką człowieka nie będzie w stanie się jej przeciwstawić. Kiedy będziecie wykorzystywać ją dla dobra, wszystkim pomoże osiągnąć cele, prawdę i poprowadzi ku szczęśliwej zorzy. Ale kiedy posiadający ją zapragnie jej użyć w złym celu, aby walczyć z ludźmi, to sam od niej zginie.

Ta wieść o niezwykłej sile zatrzymała kapłanów. Starszy z nich zaproponował ojcu:

— Skoro jesteś zaznajomiony z jakąś niezwykłą siłą, to opowiedz nam o niej. Jeśli ma moc sprawczą i zdolna jest budować państwa, zostaniesz wśród nas i będziesz mieszkał w tym państwie. Wspólnie będziemy tworzyć ustawy dla ludzkiego społeczeństwa.

— Po to właśnie do was przyszedłem, aby opowiedzieć o niezwykłej sile — odpowiedział wszystkim ojciec — ale przedtem proszę, abyście wymienili władcę, jednego ze wszystkich wam znanych. Władcę, który jest dobry i niezachłanny, żyje w miłości ze swoją rodziną i nie myśli o wojnie.

Starszy kapłan powiedział ojcu, że istnieje jeden taki władca unikający wszystkich wojen. Jednak niewielkie jest jego plemię. Nie starają się w nim sławić żołnierzy i dlatego niewielu pragnie tam zostać wojownikami. Żeby uniknąć walki, muszą często zmieniać swoje miejsce do życia, na nieprzystosowanych do zamieszkania terenach się osiedlając. Na imię mu Egip.

— Egiptem będzie zwane to państwo — stwierdził ojciec. — Zaśpiewam wam trzy pieśni. Poeci-śpiewacy, w różnych plemionach zaśpiewajcie te pieśni ludziom. A wy, kapłani, wśród ludu egipskiego zamieszkajcie. Z różnych miejsc będą do was przychodzić rodziny, powitacie je swoimi dobrymi przepisami prawnymi.

Trzy pieśni zaśpiewał obecnym ojciec. W jednej stworzył obraz sprawiedliwego władcy, którego określił Egipem. Druga była obrazem szczęśliwego społeczeństwa ludzi bytujących razem, a trzecia — obrazem kochającej się rodziny, szczęśliwych dzieci, ojców i matek żyjących w niezwykłym państwie.

Zwykłe, znane wszystkim wcześniej słowa były w tych trzech wyśpiewanych pieśniach. Jednak ojciec budował z nich takie frazy, że słuchacze słuchali go z zapartym tchem, a dodatkowo ton głosu ojca tworzył niezwykłą melodię. Przywoływała ona i tworzyła żywe obrazy. Jeszcze nie było państwa egipskiego w rzeczywistości, jeszcze nie powstały jego świątynie, ale ojciec już wiedział, że wszystko jest rezultatem tego, do czego wyrywają się myśli i marzenia człowieka, łącząc się w jedność. Z natchnieniem więc śpiewał ojciec, poznawszy siłę niezwykłą, którą obdarzył każdego nasz Wielki Stwórca. Śpiewał ojciec, posiadłszy tę siłę, która odróżnia człowieka od wszystkiego, daje mu nad wszystkim władzę i pozwala mu nazywać się synem Boga i stwórcą.

Poeci-śpiewacy, płonąc natchnieniem, śpiewali trzy pieśni w różnych plemionach. Wspaniałe obrazy pociągały za sobą ludzi i szli oni z różnych miejsc do plemienia Egipa. Wystarczyło pięć lat, aby z małego plemienia zrodziło się wielkie państwo egipskie. Wszystkie inne plemiona uważane niegdyś za najsilniejsze po prostu się rozpadły. I nic nie mogli zrobić wojowniczy władcy, aby zapobiec rozpadowi. Ich władza słabła, zanikała, coś zwyciężało nad nimi, ale nie była to wojna. Przyzwyczajeni do walki w świecie materialnym nie wiedzieli, że obrazy mogą panować nad wszystkim, obrazy, które Dusza ludzka sobie upodobała. Obrazy, które pociągają serca. Przed obrazem, nawet jednym, ale prawdziwym, szczerym, nie zmąconym postulatem materialistycznym, bezradne są wojska ziemskie. Uzbrojone w kopie lub jakąkolwiek inną śmiercionośną broń zostaną pokonane. Przed obrazem wojska są bezsilne.

Państwo egipskie wzmacniało się, rozrastało, a jego władcę kapłani nazwali faraonem. Kapłani w osamotnieniu, w świątyniach, odseparowani od ludzkiej krzątaniny tworzyli prawo, a faraon był zmuszony się mu podporządkować. Każdy zwykły mieszkaniec również podporządkowywał się z chęcią. I każdy swoje życie starał się zgodnie z obrazem ułożyć. Ojciec mój mieszkał wśród wyższych kapłanów, w głównej świątyni. Kapłani słuchali jego słów przez dziewiętnaście lat. Starali się poznać naukę najwyższą ze wszystkich — jak tworzyć wielkie obrazy. Ojciec starał się wszystko szczerze i dokładnie opowiedzieć, płonąc błogim pragnieniem. Czy kapłani poznali całą naukę, czy tylko jej część, nie wiadomo, nie ma sensu teraz dociekać.

Pewnego razu, po dziewiętnastu latach, główny kapłan zaprosił do siebie najbliższych duchownych. Wchodzili dostojnie do świątyni niedostępnej nawet faraonowi.

Główny kapłan zasiadł na tronie, wyżej niż wszyscy. Mój zawsze uśmiechnięty ojciec teraz usiadł w zamyśleniu, tworząc kolejną pieśń, nowy obraz lub stary wzmacniając.

— Wielkiej nauki doświadczyliśmy — powiedział główny kapłan. — Pozwala kierować całym światem. Ale aby nasza władza panowała nad wszystkimi po wieczne czasy, nie wolno zdradzić nawet krzty z tej wiedzy. Powinniśmy stworzyć własny język i porozumiewać się ze sobą tylko nim, żeby nawet przypadkiem żaden z nas nie mógł wyjawić tajemnicy.

Wiele traktatów w przyszłości przekażemy ludziom. Niech wszyscy myślą i dziwią się, że wszystko im mówimy. I będziemy dawać wiele wspaniałych nauk i różnych wynalazków, tak aby coraz dalej od najważniejszego oddalali się przeciętni ludzie oraz ich władcy. A mędrcy w nadchodzących czasach niech swoimi mądrymi traktatami i naukami innych zadziwiają. Przy tym sami będą oddalać się od najważniejszego i innych za sobą coraz dalej pociągną.

— Tak niech się stanie — zgodzili się wszyscy. Tylko ojciec milczał jako jedyny. A główny kapłan kontynuował:

— Jeszcze jeden problem powinniśmy dzisiaj rozwiązać. Przez dziewiętnaście lat osiągnęliśmy naukę tworzenia obrazów. Każdy z nas potrafi stworzyć teraz obraz, który może zmienić świat, zniszczyć państwo lub je wzmocnić, ale nadal jednak istnieje tajemnica. Może ktoś mi wytłumaczy, dlaczego każdy z was tworzy obraz o różnej sile? I dlaczego tworzymy w tak długim czasie? — Kapłani milczeli, nikt nie znał odpowiedzi, a główny kontynuował, lekko podnosząc głos, nawet laska drżała w jego ręce z napięcia, kiedy rzekł do wszystkich: — Jednak jest wśród nas jeden zdolny do szybkiego tworzenia obrazów, a ich siła nadal pozostaje nieosiągalna. Uczył nas wszystkich przez dziewiętnaście lat, a jednak zostaje coś niedopowiedzianego. My wszyscy teraz powinniśmy zrozumieć, że nie jesteśmy sobie równi. Nie jest ważny stopień w hierarchii, jaki każdy z nas posiada. Proszę sobie uświadomić, jest wśród nas ktoś, kto nad wszystkimi może władać niewidzialnie i tajemniczo. Jeśli zechce, to siłą obrazu, który zdolny jest stworzyć, może każdego uhonorować lub zniszczyć. Sam jeden jest w stanie decydować o losach państwa. Ja, jako najwyższy kapłan, władzą mi daną jestem zdolny zmieniać współzależność sił. Zamknięte są drzwi świątyni, w której teraz siedzimy, a na zewnątrz oddana mi ochrona bez rozkazu nie otworzy nikomu.

Główny kapłan wstał ze swojego tronu i powolnym krokiem, stukając laską o kamienne płyty, skierował się do ojca. Nagle zatrzymał się na środku sali i, patrząc na niego, rzekł:

— Teraz wybierzesz z dwóch jedną swoją drogę. Oto pierwsza: natychmiast wszystkim zdradzisz tajne siły swoich obrazów, wytłumaczysz, w jaki sposób się tworzą, i wtedy będziesz ogłoszony kapłanem, drugim po mnie, a zostaniesz pierwszym, gdy odejdę. Wszyscy żyjący dzisiaj będą cię czcić. Jednak jeśli tajemnicy swej przed nami nie ujawnisz, przed tobą będzie druga droga. Prowadzi ona tylko tymi drzwiami.

Kapłan wskazał na drzwi prowadzące z sali świątyni do wieży bez okien i drzwi zewnętrznych. Ta wysoka wieża o gładkich ścianach miała na samej górze mały taras, gdzie raz w roku, w określony dzień, śpiewał przed zgromadzonymi ludźmi ojciec albo któryś z kapłanów. Główny kapłan, wskazując na drzwi, dodał:

— Wyjdziesz tymi drzwiami i nigdy już nie wrócisz. Dam rozkaz, aby te drzwi zamurować, i tylko maleńkie okienko każę zostawić. Przez nie będziesz otrzymywał minimalną porcję dziennego wyżywienia. Kiedy nadejdzie ten szczególny dzień, wokół wieży zgromadzą się ludzie, a ty wyjdziesz do nich na ten wysoki taras. Wyjdziesz, ale nie będziesz śpiewał, tworząc obrazy. Wyjdziesz, aby naród cię zobaczył i w jego duszy nie zrodził się niepokój, i nie powstały różne plotki z powodu twojego zniknięcia. Będziesz mógł tylko słowami przywitać ludzi. Jeśli ośmielisz się zaśpiewać choć jedną tworzącą pieśń, to nawet za tę jedną nie otrzymasz jedzenia ani wody przez trzy dni, a za dwie — przez sześć dni. Sam w ten sposób naznaczysz swoją śmierć. A teraz decyduj, którą drogę wybierasz.

Ojciec spokojnie podniósł się ze swojego miejsca, na jego twarzy nie malował się ani strach, ani żaden żal, i tylko smutek zarysował się zmarszczką. Przeszedł wzdłuż siedzących w rzędzie kapłanów i każdemu spojrzał w oczy. I w każdej parze oczu dostrzegł żądzę poznania. Chęć poznania, ale i zachłanność biła z każdej pary oczu. Ojciec podszedł do najwyższego z kapłanów najbliżej jak tylko mógł i spojrzał mu w oczy. Siwy kapłan swojego srogiego i pałającego zachłannością wzroku nie odwrócił. Laską o kamienie łupnął i, plując śliną, surowo powtórzył ojcu w twarz:

— Decyduj szybciej, którą z dwóch przyszłych dróg wybierasz?!

Ojciec bez lęku w głosie, bez wymówek spokojnie mu odpowiedział:

— Z własnej woli, a być może z woli losu wybieram półtorej drogi.

— Jak można wybrać półtorej? — wykrzyknął kapłan. — Masz śmiałość wyśmiewać się ze mnie? Ze wszystkich zgromadzonych w tej wielkiej świątyni?

Ojciec podszedł do drzwi prowadzących do wieży i, odwróciwszy się do wszystkich, powiedział:

— Śmiać się, obrażając was, uwierzcie, nawet nie pomyślałem. Z waszej woli pójdę na zawsze do wieży. Przed odejściem zdradzę wam wszystkim tajemnicę jak tylko potrafię i wiem, moja odpowiedź nie da mi drugiej drogi. Właśnie dlatego powiedziałem, że wybieram półtorej drogi.

— No, to mów! Nie zwlekaj! — zabrzmiały pod kopułą głosy wstających z miejsc kapłanów. — W czym ta tajemnica?

— Ona jest w jajku — spokojnie zabrzmiała odpowiedź.

— W jajku? W jakim jajku? Co to znaczy? Wyjaśnij nam! — dopytywało się zgromadzenie, a ojciec im odpowiedział:

— Z jajka kury powstają kurczęta. Jajko kaczki da nam kaczątka. Jajko orlicy przyniesie światu orła. Kim siebie widzicie, to właśnie się z was zrodzi.

— Ja to czuję, jestem stwórcą! — zakrzyknął wielki kapłan. — Powiedz, jak stworzyć obraz mocniejszy od wszystkich?

— Nieprawdę powiedziałeś — odpowiedział ojciec kapłanowi. — Sam nie wierzysz w to, co mówisz.

— Skąd możesz wiedzieć, jaka jest we mnie moc wiary?

— Stwórca nigdy nie będzie prosił, stwórca zdolny jest sam dawać. Prosisz, a to znaczy, że znajdujesz się w skorupie niewiary...

Ojciec odszedł i zamknęły się za nim drzwi. Zgodnie z rozkazem kapłana zamurowano je. Raz dziennie małym okienkiem przekazywano ojcu jedzenie. Jedzenie było bardzo ubogie i nie zawsze dawano mu wystarczającą ilość wody. Na trzy dni przed dniem zgromadzenia wokół wieży ludzi, którzy przychodzili, by wysłuchać nowych pieśni i mitów, ojciec nie dostawał jedzenia w ogóle, otrzymywał jedynie wodę. Tak rozkazał wielki kapłan, zmieniając swój pierwotny zamiar. Uczynił tak dlatego, aby ojciec zasłabł i nie mógł zaśpiewać zgromadzonym nowej tworzącej pieśni. Kiedy wielu ludzi zebrało się już przy wieży, ojciec wyszedł na taras. Radośnie patrzył na oczekujący tłum. O swoim losie nie powiedział ani słowa. Po prostu zaśpiewał. Pieśń płynęła podnieconym głosem, formował się nowy, niezwykły obraz, a tłum żarliwie wchłaniał go w siebie. Skończył jedną pieśń i od razu rozpoczął następną. Śpiewał przez cały dzień stojący na wieży śpiewak. Kiedy słońce skłaniało się ku zachodowi, zwrócił się do wszystkich: „Wraz z nowym świtem usłyszycie nowe pieśni". I ojciec śpiewał zgromadzonym cały następny dzień. Nie wiedzieli ludzie, że śpiewak żyjący w ciemnicy nie otrzymywał od kapłanów już nawet wody.

Słuchając opowieści Anastazji o jej dalekim praojcu, zapragnąłem usłyszeć chociażby jedną ze śpiewanych przez niego pieśni i poprosiłem:

— Anastazjo, jeśli tak dokładnie możesz odtwarzać wszystkie sceny z życia prarodziców, to pewnie możesz i zaśpiewać pieśń? Właśnie tę, którą ludziom śpiewał twój praojciec z wieży.

— Wszystkie pieśni słyszę, jednak dokładne ich tłumaczenie nie jest możliwe. Zabraknie wielu słów. A poza tym za wieloma słowami kryje się teraz inny sens. Oprócz tego rytm poezji tamtych czasów bardzo ciężko odtworzyć dzisiejszymi frazami.

— Ale szkoda, bardzo chciałbym usłyszeć te pieśni.

— Usłyszysz je, one się odrodzą.

— Jak to się odrodzą? Przecież mówisz, że niemożliwe jest ich tłumaczenie.

— Dokładnie przetłumaczyć nie można, ale jest możliwość stworzenia nowych, takich samych w sensie i duchu. Teraz tworzą je bardowie, wykorzystując znane dzisiaj wszystkim słowa. Jedną, ostatnią pieśń, którą śpiewał wówczas ojciec, już słyszałeś.

— Słyszałem? Gdzie? Kiedy?

— Przysłał ją do ciebie bard z Jegoriewska.

— Wiele mi ich przysłał...

— Tak, wiele, ale wśród nich jedna podobna jest do tej ostatniej pieśni ojca.

— Jak mogło się coś takiego zdarzyć?

— Dziedzictwo czasów odgrywa tu rolę.

— A co to jest za pieśń, jakie są jej słowa?

— Zaraz zrozumiesz, wytłumaczę ci wszystko po kolei.

KIEDY OJCOWIE ZROZUMIEJĄ...

Trzeciego dnia wraz ze świtem ojciec znów wyszedł na taras. Uśmiechał się do tłumu ludzi, a oczyma wciąż kogoś wypatrywał. Wędrowni śpiewacy machali na powitanie, podnosząc instrumenty do góry, i struny instrumentów drżały pod natchnionymi dłońmi śpiewaków. Ojciec uśmiechnął się do nich i coraz wnikliwiej wodził wzrokiem wśród tłumu. Pragnął zobaczyć swego syna. Zobaczyć syna zrodzonego przed dziewiętnastu laty w lesie przez ukochaną. Nagle z tłumu dotarł do niego głos dźwięczny i młody: „Powiedz, poeto wielki i śpiewaku. Stoisz w górze wysoko nad wszystkimi. Ja jestem tu na dole, ale nie wiem dlaczego wydajesz mi się tak bliski jak ojciec". I wtedy ludzie usłyszeli:

— Co ty, młodzieńcze, nie znasz swego ojca? — z wysokiej wieży zapytał śpiewak.

— Mam dziewiętnaście lat, nie widziałem ojca ani razu. Sami z mamą żyjemy w lesie. Ojciec odszedł od nas jeszcze przed moimi narodzinami.

— Powiedz mi najpierw, młodzieńcze, jakim widzisz świat dookoła?

— Wspaniały jest świat o świcie i o zachodzie dnia. Cudowny i wieloraki. Tylko ludzie psują piękno ziemskie, cierpienie sobie nawzajem fundując.

Z wysokiej wieży odparł mu głos:

— Odszedł od was ojciec być może dlatego, że było mu wstyd przed tobą za świat, w jaki ciebie wprowadzi. Odszedł twój ojciec, żeby stworzyć dla ciebie wspaniałym cały świat.

— To co, mój ojciec wierzył, że sam jeden zdoła zmienić świat?

— Nastąpi dzień, kiedy wszyscy ojcowie zrozumieją, że właśnie oni są odpowiedzialni za świat, w którym żyją ich dzieci. Przyjdzie dzień i każdy sobie uświadomi, że zanim wyda się dziecko na świat, powinno się uczynić go szczęśliwym. Ty również powinieneś myśleć o świecie, w którym będzie żyła twoja pociecha. Powiedz mi, młodzieńcze, kiedy twoja wybranka ma rodzić?

— Nie mam swojej wybranki w lesie. Tam świat jest wspaniały, mam mnóstwo przyjaciół. Jednak nie znam takiej, która zapragnie pójść ze mną do mojego świata, a ja go nie mogę opuścić.

— No, cóż, jeżeli nawet jeszcze nie widzisz swojej wspaniałej wybranki, to masz czas, aby upiększyć ten świat dla twojego przyszłego dziecka.

— Będę dążył ku temu tak jak mój ojciec.

— Już nie jesteś młodzieńcem. Płynie w tobie krew bohatera, przyszłego poety i śpiewaka. Opowiedz ludziom o swoim wspaniałym świecie. Zaśpiewamy razem, we dwóch zaśpiewamy o przyszłym cudownym świecie.

— Ale kto się ośmieli zaśpiewać, gdy brzmi twój głos, wielki poeto i śpiewaku?

— Uwierz w siebie, młodzieńcze, i ty będziesz tak śpiewać. Ja zaśpiewam pierwszy wers, a ty — drugi. Tylko śmielej, wtóruj, poeto! Z wysokiej wieży popłynął głos ojca. Echem pochwycony szybował nad głowami zgromadzonych ludzi. Ojciec w zachwycie zaintonował:

Ja wstaję, a świt się do mnie uśmiecha...

A z tłumu stojącego na dole nagle czysty, dźwięczny głos jeszcze dość nieśmiało pociągnął:

Idę, a ptaki mi śpiewają...

I za wersem ojca brzmiał wers syna, a czasami w jedność zlewały się głosy i niosła się dźwięczna pieśń o radości:

Ten dzień nigdy się nie kończy,
A ja mocniej i mocniej kocham...

I już śmielszy młodzieniec w bezgranicznym zachwycie kontynuował pieśń:

Lekkim krokiem, drogą słońca
Wejdę do gaju Ojca.
Widzę trop, lecz nie czuję nóg,
Szczęścia nie widać końca.
Pamiętam, to prędzej wszystko widziałem:
Niebo, drzewa i kwiaty.
Spojrzenie tylko było inne
W urazie i rozpaczy,
Ale teraz wszędzie jesteś Ty!
Wszystko to samo, i gwiazdy, i ptaki,
Tylko inaczej patrzę.
Nie ma już smutku i złości nie znam.
O, ludzie, wszystkich was kocham!

Śpiewak z wieży śpiewał coraz ciszej, wkrótce głos całkiem umilkł. Zachwiał się, ale udało mu się ustać na nogach i uśmiechnął się do ludzi. I do samego końca słuchał, jak syna jego głos się wzmagał. Syna-śpiewaka stojącego na dole. Kiedy pieśń się skończyła, ojciec pomachał ręką, żegnając się z ludźmi. Żeby ukryć się przed ich spojrzeniami, zszedł w dół o pięć stopni. Słabnąc, tracąc przytomność, do granic możliwości wytężał swój słuch i wreszcie dosłyszał niesione przez wiatr słowa gorące, szeptane przez młodą piękność do syna-śpiewaka: „Pozwól mi, młodzieńcze, pozwól, za tobą, z tobą w piękny twój świat pójdę...".

Na kamiennych schodach zamurowanej wieży tracił przytomność i umierał z uśmiechem na ustach ojciec. W ostatnim tchnieniu usta szepnęły: „Przedłuży się ród. W gronie szczęśliwych dzieci bądź szczęśliwa, ukochana moja!". Sercem usłyszała te słowa pramama. Następnie słowa z pieśni moich dwóch praojców przez tysiąclecia powtarzali poeci. Słowa i frazy z tej pieśni same z siebie rodziły się w poetach różnych państw i różnych czasów. Brzmiały w różnych językach. Zwykłe słowa niosły prawdę, przedzierając się przez postulaty. Również dzisiaj brzmią znowu. Kto rozkoduje ich wersy, ale nie umysłem, lecz sercem swoim doświadczy, ten wiele z mądrości się dowie.

— A czy w innych pieśniach śpiewanych przez twego ojca był jakiś inny sens? Dlaczego oddał swe życie za pieśni?

— Ojciec, Władimirze, stworzył w swoich pieśniach wiele obrazów. One później zbudowały i zachowały układ państwa. Kapłani, potomkowie pierwszych kapłanów, za ich pomocą stworzyli wiele różnych wyznań, przywłaszczając sobie władzę w różnych państwach. Tylko jednego nie wiedzieli, wykorzystując obrazy w nikczemnych celach. Nie wiedzieli, jak raz na zawsze zmusić obrazy do służenia sobie na wieki. Obrazy traciły siłę u tych, którzy starali się je podporządkować własnej pysze. U tych...

— Chwilę, Anastazjo, jakoś nie mogę pojąć o tych obrazach.

— Wybacz, Władimirze, niezrozumiałość moich tłumaczeń. Zaraz spróbuję się rozluźnić. Skupię się i wszystko po kolei o nauce najważniejszej ze wszystkich nauk opowiem. Nauką obrazowości się nazywa. Wszystkie nauki starożytne i współczesne pochodzą właśnie od niej.

Kapłani rozczłonkowali ją na części, żeby najważniejsze, sedno, utajnić na wieki, żeby władzę swoją nad wszystkim, co na ziemi, na wieki zachować, przekazując ustnie wiedzę o niej swoim potomkom w podziemnych świątyniach. I tak starali się zachować tę tajemnicę, że ich potomkom, dzisiejszym kapłanom, ostała się tylko tysięczna część tej nauki. Ale wtedy, kiedy wszystko się rozpoczynało, kapłaństwu o wiele lepiej wychodziło.

— Ale jak się to wszystko zaczęło? Opowiadaj od samego początku.

— Tak! Tak, oczywiście. Dzisiaj znów jestem jakaś podenerwowana. Wszystko należy mówić po kolei. Uświadomienie sobie tej nauki rozpoczęło się pieśnią brzmiącą z wieży.

RADOŚĆ ŻYCIA ON SŁAWIŁ

Podczas śpiewu ojca z wysokiej wieży z pieśni tworzyły się obrazy. Wśród ludzi stojących na dole byli poeci, muzycy, i wszyscy dawni kapłani poważnie siedzieli wśród stojącego tłumu. Najbardziej się oni obawiali, żeby obraz rodzący się w pieśniach nie zdemaskował ich, żeby ojciec nie opowiedział o tym, że jest uwięziony przez kapłana w tej wieży. Ale ojciec śpiewał z niej tylko o dobrym. Stworzył obraz sprawiedliwego władcy, z którym naród mógłby być szczęśliwy, namalował również obraz kwitnącego państwa i żyjących w nim ludzi. Nikogo nie oskarżał, lecz radość życia sławił. Ci kapłani, co przez dziewiętnaście lat naukę obrazowości pobierali, przypuszczam, że rozumieli lepiej niż inni, co czyni śpiewak. Śledzili twarze ludzi i widzieli, jak ich oblicza zajaśniały natchnieniem. Śledzili, jak usta poetów szeptały wersy, a muzykanci w takt pieśni cicho, powoli przebierali palcami po strunach swoich instrumentów. Dwa dni śpiewał ojciec z wieży wysokiej. Kapłani w swoich głowach liczyli, na ile tysięcy lat jeden człowiek buduje przyszłość dla wszystkich. Na trzeci dzień o świcie zabrzmiały słowa ostatnie pieśni śpiewanej wraz z synem, po czym ojciec się oddalił. Ludzie również się rozeszli. Najwyższy z kapłanów długo pozostał na swoim miejscu. W zamyśleniu siedział na swoim tronie i widzieli stojący w milczeniu pozostali kapłani, jak na ich oczach i włosy, i brwi najwyższego kapłana bielały, pokrywając się siwizną. Następnie wstał i rozkazał odmurować wiodące do wieży wejście. Odmurowano je. Na kamiennej podłodze, bez życia, leżało ciało poety. Kawałek chleba leżał dwa metry dalej — osłabiona ręka nie dosięgła do niego. Między dłonią a chlebem biegała mała myszka i piszczała. Przez cały czas prosiła i czekała, aż poeta weźmie swój chleb i podzieli się z nią, sama jednak nie tknęła. Czekała, mając nadzieję, że śpiewak ożyje. Kiedy ujrzała wchodzących ludzi, odskoczyła pod ścianę, później podbiegła do stóp stojących w milczeniu. Dwa koraliki płonących oczu myszki próbowały zajrzeć w oczy ludzi, ale na szarych płytkach kapłani nie zwrócili na nie uwagi. Wtedy znów popędziła do kawałka chleba. Szara myszka rozpaczliwie piszczała i ciągnęła mały kawałeczek chleba, popychając go ku dłoni, ale już bez życia, filozofa, poety i śpiewaka. Kapłani z wielkim hołdem pochowali ciało ojca w podziemnej świątyni. Zrobili niezauważalną dla wszystkich mogiłę, w podłodze, pod kamienną płytą. I nad mogiłą ojca skłoniwszy swą siwą głowę, główny kapłan powiedział: „Nikt z nas nie powie o sobie, że poznał tak jak ty, jak wielkie obrazy się tworzy. Lecz nie umarłeś. Pochowaliśmy tylko twoje ciało. Wszędzie przez tysiące lat nad ziemią będą górowały obrazy przez ciebie stworzone, a w nich będziesz ty. Nasi potomkowie będą się z nimi stykać duszą. Być może ktoś w przyszłych wiekach będzie mógł poznać sedno stworzenia, to, jakimi ludzie powinni się stać. A my naukę wielką powinniśmy stworzyć i w tajemnicy będziemy ją zachowywać przez tysiąclecia, dopóki nie uświadomi sobie któryś z nas lub z naszych potomków, na co swą wielką siłę powinien kierować człowiek".

TAJEMNICZA NAUKA

Kapłani stworzyli tajną naukę. Nazywała się ona nauką obrazowości i wszystkie inne nauki z niej powstały. Najwyżsi kapłani, aby utajnić najważniejsze w niej, poćwiartowali całkowicie naukę obrazowości, zmuszając kapłanów do myślenia w różnych kierunkach, i tak później powstały astronomia, fizyka i matematyka, i wiele różnych nauk, w tym również nauki teologiczne. I wszystko tak zbudowali tylko dlatego, aby pasjonując się poszczególnymi częściami nauki, nikt nie mógł dotrzeć do najważniejszej — nauki obrazowości.

— Co może być takie najważniejsze w nauce? Co to za nauka i w czym tkwi sedno, jak to nazywasz, nauki obrazowości?

— Nauka ta pozwala człowiekowi przyspieszać myśli i myśleć obrazami, cały kosmos jednocześnie objąć i w mikroświat przeniknąć, stworzyć niewidzialne, ale żywe obrazy — substancje. Z ich pomocą kierować wielkim społeczeństwem. Wiele religii powstało z pomocą tej nauki. Ten, który nawet odrobinę ją poznał, posiadł niewyobrażalną władzę, mógł podbijać państwa i strącać z tronu królów.

— Mam rozumieć, że tylko jeden jedyny człowiek mógł zdobyć państwo?

— Tak, mógł, i schemat ten jest bardzo prosty.

— Czy w dzisiejszej historii jest znany chociażby jeden podobny przypadek?

— Oczywiście, że tak.

— Opowiedz mi o nim, bo jakoś nie przypominam sobie niczego podobnego.

— Po co tracić czas na opowieść? Jak wrócisz, poczytaj sobie o Ramie, Krisznie, Mojżeszu, a poznasz ich tworzenie — kapłanów, którzy posiedli w części umiejętność obrazowania.

— Dobrze, poczytam o ich działaniach, ale jak zrozumiem sedno nauki? Spróbuj opowiedzieć o sednie, czego i w jaki sposób się uczyli?

— Uczyli się myśleć obrazami, cały czas ci to powtarzam.

— No, tak, mówiłaś, ale nie rozumiem, jaki związek z tą nauką ma matematyka lub fizyka?

— Ten, kto opanował tę naukę, nie musi pisać formuł, kreślić i tworzyć różnych modeli. On może w myślach wejść w materię do jądra i rozszczepić atom. Tylko to jest zbyt proste ćwiczenie, aby się dowiedzieć, jak kierować ludzkimi losami, narodami w różnych państwach.

— Nie do wiary, ja nigdy nic takiego nie czytałem.

— A w Biblii? W Starym Testamencie jest przykład, kiedy kapłani zmagali się ze sobą o to, kto jest najmocniejszy w tworzeniu obrazów. Kapłan Mojżesz i najwyżsi kapłani faraona. Mojżesz rzucał swoją laskę na ziemię, przemieniając ją w żmiję. To samo powtarzali kapłani faraona, a potem żmija stworzona przez Mojżesza połknęła inne.

— To co, to wszystko zdarzyło się naprawdę?

— Tak.

— Byłem pewien, że to jakiś wymysł lub metafora.

— To nie jest wymysł, Władimirze. Wszystko działo się dokładnie tak, jak mówi się o tym w Starym Testamencie.

— Po co się zmagali ze sobą?

— Żeby udowodnić, kto może stworzyć najmocniejszy obraz, zdolny zwyciężyć nad innymi. Mojżesz więc udowodnił wszystkim, że właśnie on jest najmocniejszy. Po tym wszystkim nie było sensu się z nim zmagać. Zmuszeni byli wtedy spełniać jego prośby, a nie z nim walczyć. Jednak nie posłuchał faraon i próbował zatrzymać Izraelitów, idących pod wodzą Mojżesza i przez niego stworzonego obrazu. Wojownicy nie byli w stanie zatrzymać narodu izraelskiego, narodu, w którym żył najsilniejszy z obrazów. Później możesz przeczytać, jak naród Izraela wiele razy zwyciężał inne plemiona, podbijał miasta. Jak stworzył swoją religię i zorganizował państwo. Przygasła władza faraonów. Kiedy jeszcze kapłani Egiptu byli silniejsi od innych w tworzeniu obrazów, kiedy mogli przewidzieć naprzód, jakie działanie wśród ludzi spowoduje tworzony obraz, kwitł Egipt kierowany przez kapłanów. Ze wszystkich znanych państw powstałych po ostatniej katastrofie na ziemi Egipt najdłużej ze wszystkich był w rozkwicie.

— Nie, poczekaj, Anastazjo, przecież wiadomo, że Egiptem rządzili faraonowie. Ich piramidy-grobowce przetrwały aż po dziś dzień.

— Rola władzy wykonawczej pozornie przekładała się na faraonów, ale głównym ich zadaniem była personifikacja obrazu mądrego władcy. Najważniejsze decyzje były podejmowane nie przez faraonów. Kiedy próbowali przejąć całkowicie władzę, państwo od razu słabło. Każdy faraon musiał być przez kapłanów poświęcony na króla. Od maleńkości pobierał od nich nauki, starając się opanować naukę obrazowości. Dopiero osiągnąwszy jej podstawy, mógł być wyznaczony na władcę. Strukturę władzy, która wtedy istniała w Egipcie, dzisiaj można tak zobrazować: Na samym szczycie byli najwyżsi kapłani, następnie kapłani zajmujący się nauczaniem i sądownictwem. Kontrolę nad państwem pozornie sprawowała rada, przedstawiciele stanów całego kapłaństwa, a faraon rządził zgodnie z ich przepisami i ustawami. Przywódcy stanów mieli niemałą władzę wykonawczą, uważano ich za niezależnych. W przybliżeniu było tak jak dzisiaj. W wielu państwach jest prezydent, rząd, rada ministrów jako władza wykonawcza, parlament, tak jak kapłani w przeszłości, wydaje ustawy i przepisy. Różnica polega tylko na tym, że w żadnym państwie nie ma gdzie się nauczyć, jak być prezydentem, tak jak faraon uczył się od kapłanów. A ci siedzący w sejmie, parlamencie lub kongresie — nie jest ważne w końcu, jakim terminem określa się dzisiaj kapłanów-prawników, ważne jest co innego — oni też nie mają gdzie się uczyć, zanim wydadzą ustawę. Gdzie prawodawcy mogą się nauczyć mądrości, gdy nauka obrazowości przechowywana jest w ukryciu? Właśnie dlatego w wielu państwach panuje teraz chaos.

— Chcesz powiedzieć, że gdybyśmy wzięli za osnowę strukturę państwa, która była w starożytnym Egipcie, to byłoby lepiej?

— Struktura władzy mało co zmieni. Znacznie ważniejsze jest, co za nią stoi. I jeśli mówić o egipskiej strukturze, to nie ona, nie faraonowie, a nawet i nie kapłani rządzili Egiptem.

— To kto w takim razie?

— W starożytnym Egipcie wszystkim kierowały obrazy. Im podporządkowywali się kapłani i faraonowie. Ze starożytnej nauki o obrazowości tajna rada, składająca się z kilku kapłanów, wzięła obraz faraona, sprawiedliwego władcy. Rada wzięła taki obraz, jakie było wyobrażenie o nim w tamtych czasach. Maniery, zachowanie i zewnętrzny wygląd, i obraz życia faraona na tajnym zebraniu bardzo długo omawiano. Następnie uczono jednego z wybranych kapłanów na podobieństwo tego obrazu. Starano się wybrać pretendenta z królewskiego stanu. Jednak jeżeli zewnętrznie czy charakterem nie pasował żaden z królewskiego rodu, to kapłani mogli wziąć każdego duchownego i właśnie jego podstawić za faraona. I ten kapłan-faraon zmuszony był zawsze przed wszystkimi odpowiadać zmyślonemu obrazowi, a szczególnie wtedy, kiedy przebywał wśród ludzi.

Następnie każdy człowiek odczuwał ten niewidzialny obraz zgodnie z własnym rozumieniem. Kiedy naród uwierzy w obraz, kiedy większości się on spodoba, wówczas każdy będzie się do niego upodabniał. W państwie wtedy nie ma potrzeby budowania ogromnej struktury nadzoru i biurokracji. Takie państwo umacnia się i kwitnie.

— Gdyby tak było, to dzisiaj nie obyłoby się bez obrazu żadne państwo, a one jednak się obywają, żyją i kwitną. Stany Zjednoczone, Niemcy, również nasz Związek Radziecki przed pierestrojką był mocnym państwem.

— Bez obrazu, Władimirze, i dzisiaj nie mogą się obyć państwa. Tylko to państwo względnie kwitnie, w którym rządzi obraz najbardziej odpowiedni dla większości ludzi.

— Ale kto dzisiaj go tworzy? Przecież nie ma już kapłanów.

— Kapłani istnieją i dzisiaj, tylko nazywają się inaczej i posiadają coraz mniej nauki obrazowości. Długoterminowych i obiektywnych obliczeń współcześni kapłani nie są w stanie zrobić, ani postawić celu, ani stworzyć właściwego obrazu, który doprowadziłby państwo do rozkwitu.

— O czym ty mówisz, Anastazjo, jacy kapłani, jakie obrazy były w naszym dawnym Związku Radzieckim? Wszystkim rządzili wtedy bolszewicy. Wpierw Lenin, potem Stalin na czele, potem jeszcze wielu innych, a religię wtedy w ogóle zlikwidowano, zrujnowano świątynie, a ty tu mówisz o kapłanach.

— Władimirze, przypatrz się dokładniej. Co było, zanim państwo zaczęło nazywać się Związek Radziecki?

— Jak to, co było? Wszyscy wiedzą co — cesarstwo. Następnie wybuchła rewolucja i skierowaliśmy się na drogę socjalizmu, staraliśmy się zbudować komunizm.

— Ale przed wybuchem rewolucji w narodzie natarczywie rozpowszechniano obraz nowej struktury sprawiedliwego, szczęśliwego państwa, a starą strukturę krytykowano. Przecież obraz ten tworzył się od samego początku państwa. Również obraz najlepszego dla wszystkich władcy tworzył się u ludzi, a także, jak każdy będzie żył szczęśliwie. I właśnie te obrazy zaprowadziły ludzi, powołały do walki za siebie z tymi, którzy byli wierni staremu obrazowi. Rewolucja, a następnie wojna domowa, do której zostało włączonych wiele narodów, tak naprawdę były walką dwóch obrazów.

— Słusznie, może coś w tym jest. Tylko ani Lenin, ani Stalin nie są obrazami. Jak wszystkim wiadomo, byli po prostu ludźmi, przywódcami państwa.

— Wymieniasz imiona, uważając, że stali za nimi jedynie ludzie fizyczni, a tak naprawdę... Może sam pomyślisz i zrozumiesz — to wszystko dalece nie tak.

— Dlaczego nie tak? Przecież tłumaczę ci, wszyscy wiedzą, że Stalin był człowiekiem.

— To powiedz mi, Władimirze, jakim człowiekiem był Stalin?

— Jakim? Jakim... Na początku uważano go za dobrego i sprawiedliwego. Kochał dzieci, przed wojną ukazywano go na zdjęciach i obrazach z małą dziewczynką na rękach, a w czasie wojny większość żołnierzy szła do walki z okrzykiem na ustach: „Za ojczyznę!", „Za Stalina!". Wszyscy płakali, kiedy umarł. Mama opowiadała mi, że kiedy umarł, to płakał prawie cały kraj. Pochowano go obok Lenina w mauzoleum.

— Z tego wynika, że większość go kochała i z jego imieniem na ustach w śmiertelnym starciu zwyciężała wroga. Na jego cześć pisano wiersze. Ale co później, co teraz o nim mówią?

— Teraz się uważa, że był tyranem, mordercą i krwiopijcą. Wielu ludzi wykończył w więzieniach. Wyciągnięto jego ciało z mauzoleum, zakopano w ziemi i zniszczono wszystkie pamiątki, pomniki, a nawet książki, które kiedyś pisał...

— Teraz chyba sam rozumiesz? Przed tobą stały dwa obrazy. Obrazy dwa, a człowiek przecież był jeden.

— Jeden.

— No, to w końcu jaki on był? Możesz mi to teraz wyjaśnić?

— Wiesz, myślę, że nie mogę... A ty sama możesz mi powiedzieć?

— Stalin nie odpowiadał ani pierwszemu, ani drugiemu obrazowi i w tym tkwiła tragedia państwa. Zawsze zdarzały się w państwach tragedie, była znaczna rozbieżność pomiędzy władcą i jego obrazem. Wynikały z tego wszystkie problemy, a ludzie w tym zamieszaniu walczyli w imię obrazów. Jeszcze nie tak dawno ludzie dążyli do obrazu komunizmu, ale obraz ten osłabł i teraz do czego wszyscy w państwie dążycie?

— Teraz budujemy... Może jakiś kapitalizm, albo jeszcze coś, wiesz, żeby żyć jak ludzie w rozwiniętych państwach, w Ameryce, w Niemczech. Żeby była demokracja tak jak u nich i wielki dobrobyt.

— A teraz utożsamiacie obraz państwa i sprawiedliwego w nim władcy z obrazem tych państw, które wymieniłeś.

— I co w tym złego, że z obrazem właśnie tych państw?

— Ale to świadczy o zubożeniu wiedzy kapłanów państwa, w którym żyjesz. Nie ma wiedzy, nie ma w nich siły, aby stworzyć godny obraz, zdolny przeprowadzić ich własną drogą. Jak głosi tysiącletnia historia, w takiej sytuacji wszystkie państwa zwykle umierały.

— Co w tym złego, gdy wszyscy będziemy żyli jak w Ameryce lub Niemczech?

— Przyjrzyj się bliżej, Władimirze, ile tam jest problemów. Sam sobie odpowiedz, do czego potrzebują tak wiele policji i tylu szpitali? I dlaczego coraz więcej tam samobójstw? I dokąd ludzie z miast tych bogatych i wielkich państw jeżdżą na wakacje? Coraz więcej też ludzi potrzebują, aby śledzić społeczeństwo. Wszystko to świadczy o tym, że ich obrazy też słabną.

— Czy to znaczy, że wszyscy dążymy do ich słabnących obrazów?

— Tak, właśnie tak, a tym samym na krótko przedłużamy im życie. Kiedy niszczono w twoim państwie wiodące obrazy, nie stworzono nowych. Wtedy przywołano obraz znajdujący się w innym państwie. Jeśli pokłonią się przed nim wszyscy ludzie, to przestanie istnieć twoje państwo, państwo, które zgubiło swój obraz.

— A dzisiaj kto jest zdolny, aby go tworzyć? Przecież nie ma dzisiaj kapłanów.

— I dzisiaj są ludzie, którzy zajmują się wyłącznie tworzeniem obrazów. Wyliczają zdolność obrazów do pociągnięcia za sobą ludzi i często te wyliczenia są bardzo wiarygodne.

— Nigdy o nich nie słyszałem. A może to wszystko utrzymuje się w najwyższej tajemnicy?

— Zarówno ty, jak i większość ludzi codziennie stykacie się z ich działaniem.

— Ale gdzie? Kiedy?

— Przypomnij sobie, Władimirze, kiedy przychodzi czas wyboru nowych posłów w państwie albo z kilku chętnych jednego władcy — teraz nazywa się go prezydentem — przede wszystkim zostaje przedstawiony ten obraz, a obraz ten właśnie tworzą ludzie, którzy jako swój zawód wybrali tworzenie obrazów. Każdy kandydat ma kilku takich ludzi, ale zwycięża ten, którego obraz jest dla wszystkich najprzychylniejszy.

— Jaki obraz, przecież oni są żywymi ludźmi? Sami występują przed wyborcami na różnych zebraniach i w telewizji.

— Oczywiście, sami, ale zawsze im się doradza, gdzie i jak się zachować, co mówić, aby odpowiadać obrazowi najlepszemu dla wszystkich. Zwykle więc kandydaci dostosowują się do tych rad. Robi się im również różne reklamy, starając się powiązać obraz z lepszym życiem.

— Tak robią reklamy. Ale bez względu na to nie bardzo rozumiem, co jest ważniejsze: sam człowiek, który chce zostać wybrany na posła lub prezydenta, czy ten obraz, o którym mówisz?

— Oczywiście, że człowiek jest zawsze ważniejszy, ale głosując, nie znasz go osobiście, nie spotkałeś się z nim, nie wiesz, jaki tak naprawdę jest. I głosujesz na przedstawiony ci obraz.

— Przecież jeszcze każdy kandydat ma swój program i to na niego głosują ludzie.

— A jak często realizują później te programy?

— Nie zawsze, ale w całości prawie nigdy chyba nie ma możliwości ich spełnić, dlatego że inni wtrącają się ze swoimi programami.

— Właśnie na to wychodzi. Tworzy się mnóstwo obrazów, ale wśród nich nie ma całkowitej jedności. Nie ma jedynego obrazu, zdolnego wszystkich sobą zachwycić i poprowadzić do celu. Kiedy nie ma obrazu, nie ma i natchnienia, niejasny jest cel i chaotyczne życie.

— To w końcu kto może stworzyć taki obraz? Wychodzi na to, że nie ma już dzisiaj mądrych kapłanów, a o nauce obrazowości po raz pierwszy słyszę od ciebie, o nauce wykładanej kapłanom przez twego ojca.

— Nie będziemy już długo czekać, powstanie silny obraz państwa. Zwycięży wszystkie wojny, a marzenia ludzi przemienią się we wspaniałą rzeczywistość w twoim państwie, a następnie na całej ziemi.

GENETYCZNY KOD

Anastazja opowiadała z pasją. To radośnie, to znów smutno opowiadała o tym, co było kiedyś na ziemi. W coś niecoś wierzyłem, w coś niecoś nie za bardzo. Po powrocie do domu zapragnąłem się dowiedzieć o możliwości zachowywania w pamięci człowieka informacji o zdarzeniach nie tylko od momentu urodzenia, ale również od momentu urodzenia przodków, a nawet od momentu stworzenia pierwszego człowieka. Kilka razy zbierali się specjaliści i naukowcy, aby odpowiedzieć na to pytanie. Teraz chcę państwu przedstawić niektóre urywki wypowiedzi specjalistów, dotyczące tej tematyki:

— „...Wielu będzie się wydawało niewiarygodne stwierdzenie, że otaczające nas przedmioty zachowują informację o człowieku. Ale jeżeli pokażecie nagraną kasetę magnetofonową człowiekowi, który nigdy nie widział i nie słyszał o możliwościach magnetofonu, i przy tym powiecie, że na kasecie nagrana jest wasza mowa, a on może jej słuchać, kiedy zechce, za rok lub za dziesięć lat, to ten człowiek wam nie uwierzy. Będzie myślał o was jak o bajarzach. Jednak dla nas fakt nagrywania i odtwarzania głosu jest zwykłym zjawiskiem. Chcę powiedzieć, że coś, co nam się wydaje niezwykłe, dla innych może być jak najbardziej naturalne i proste".

— „...Jeśli przyjąć za osnowę ten fakt, że człowiek do tej pory nie wynalazł nic bardziej znaczącego i dokładnego niż to stworzone przez przyrodę, to Promień Anastazji, za pomocą którego może ona widzieć na odległość, potwierdza się istnieniem telefonu, telewizora. Poza tym, jak mi się wydaje, zjawiska przyrody, z których korzysta, są doskonalsze w porównaniu z tym, co sztucznie wytwarzamy, jak, powiedzmy, telewizor czy radiotelefon".

— „...W pamięci jednego człowieka zachowuje się ledwie półroczne zdarzenie. Inny człowiek pamięta zdarzenia z dzieciństwa, ale to absolutnie nie wydaje mi się kresem możliwości pamięci ludzkiej".

— „...Myślę, że niewielu naukowców będzie negować to, że genetyczny kod człowieka przechowuje w sobie przez miliony lat pierwotną informację. Możliwe też jest gromadzenie informacji dodatkowej, tak zwanej pobocznej, przez cały okres życia i przekazywania jej następnym

pokoleniom. Wszystkim znany zwrot «to jest odziedziczone albo prze-
kazane w genach» świadczy właśnie o tym. Zdolności Anastazji do two-
rzenia obrazów dotyczących ludzi sprzed milionów, a nawet miliardów
lat teoretycznie są możliwe i wytłumaczalne. Mało tego, mogą być bar-
dziej precyzyjne w miarę oddalania się od nowej rzeczywistości. Pamięć
Anastazji, jak myślę, nie różni się od pamięci większości ludzi. Dokład-
nie mówiąc, informacji założonej w jej kodzie genetycznym nie jest
więcej niż w każdym innym człowieku. Różnica tkwi w tym, że ona
posiada zdolności «wyciągania» jej, całkowitego jej odtwarzania, a my
— częściowego".

* * *

Te i inne wypowiedzi specjalistów przekonały mnie, że Anastazja
mówi prawdę o przyszłości. A najbardziej podobał mi się przykład z ka-
setą magnetofonową. Jednak zapraszający mnie do okrągłego stołu
naukowcy nie potrafili wyjaśnić mi następującego zjawiska. W jaki spo-
sób Anastazja może posiadać wiedzę nie tylko o ziemskiej cywilizacji,
ale również o życiu innych światów i galaktyk? Mało tego, nie tylko o nich
opowiada, ale jak mi się wydaje, może również na nie wpływać. Spróbuję
opowiedzieć o wszystkim po kolei. Być może komuś chociaż teoretycz-
nie uda się wtedy wytłumaczyć jej zdolności, zrozumieć, czy dane są
również innym ludziom. Anastazja próbowała mi wytłumaczyć, dlaczego
wie o nich tak wiele, tylko niezbyt jasne jest dla mnie jej tłumaczenie.
Spróbuję państwu o wszystkim opowiedzieć po kolei.

DOKĄD CHODZIMY W CZASIE SNU?

Niejednokrotnie w opowieściach Anastazji o ziemskich cywilizacjach
padały zdania o istnieniu życia w innych galaktykach wszechświata i na
innych planetach. Nagle tak bardzo mnie to zaciekawiło, że słuchając jej
opowieści o przeszłości, sam tak naprawdę wciąż myślałem, jak tam, na
innych planetach, budowano życie. Przypuszczam, że Anastazja zauwa-
żyła moje słabnące zainteresowanie opowieścią i umilkła. Milczałem

również, ponieważ zastanawiałem się, jak ją zmusić, żeby jak najwięcej i w detalach opowiedziała o życiu pozaziemskich cywilizacji. Można by było zapytać ją wprost, ale ona zawsze wygląda na zagubioną, kiedy nie może wytłumaczyć, dlaczego ona wie to, o czym inni nie mają pojęcia. Na dodatek jej pragnienie, aby nie wyróżniać się spośród innych ludzi swoimi niezwykłymi możliwościami, jak mi się wydaje, nie pozwala jej o wszystkim opowiadać. Ostatnio zauważyłem, że ona krępuje swoją nieumiejętność tłumaczenia mechanizmów niektórych zjawisk. Właśnie tak się stało, gdy zapytałem ją wprost:

— Powiedz, Anastazjo, możesz teleportować się w przestrzeni? No, przenosić swoje ciało z jednego miejsca na inne?

— Dlaczego mnie o to pytasz, Władimirze?

— Odpowiedz mi najpierw wprost: umiesz czy nie?

— Władimirze, przecież taką możliwość posiadają wszyscy ludzie. Jednak nie jestem pewna, czy będę w stanie wytłumaczyć tobie naturalność tego procesu. Możesz znowu uznać mnie za czarownicę, oddalisz się ode mnie i będziesz się ze mną źle czuł.

— To znaczy, że możesz?

— Mogę — skromnie odpowiedziała Anastazja i utkwiła wzrok w ziemi.

— Zademonstruj mi zatem, pokaż, jak to się odbywa.

— A może najpierw spróbuję ci wytłumaczyć...

— Nie, Anastazjo, najpierw pokaż. Zawsze jest ciekawiej popatrzeć niż posłuchać. A później możesz mi wytłumaczyć.

Anastazja wstała, acz niechętnie, zamknęła oczy, lekko się naprężyła i znikła. Ogłupiały rozglądałem się dookoła. Nawet pomacałem miejsce, gdzie stała przed chwilą. Ale tam została tylko pognieciona trawa, a Anastazji nie było. Zauważyłem ją stojącą na przeciwnym brzegu jeziora. Patrzyłem na nią i milczałem. Krzyknęła:

— Mam do ciebie płynąć czy znowu?...

— Znowu — odpowiedziałem i, nie mrugając, żeby nic nie przegapić, zacząłem się przyglądać Anastazji po drogiej stronie jeziora. Nagle znikła. Po prostu się rozpłynęła. Nawet mgiełki nie zostało na miejscu, gdzie była. A ja, nie mrugając, nadal tam patrzyłem.

— Już jestem, Władimirze — zadźwięczał głos obok mnie. Anastazja stała znów niecały metr ode mnie. Trochę od niej stroniłem, usiadłem na trawie, starając się nie pokazać zdziwienia i poruszenia. Nie wiem, dlaczego pomyślałem: „Jeżeli nagle wpadnie na pomysł rozpuścić moje ciało, a potem go nie złoży?".

— Całkowicie rozpuścić swoje ciało, rozszczepić je na atomy może jedynie jego właściciel. Jest to dostępne tylko człowiekowi, Władimirze — zaczęła Anastazja.

Stało się jasne, zaraz przede wszystkim zacznie mi udowadniać, że jest człowiekiem. Żeby więc nie marnować bezsensownie czasu, uprzedziłem ją:

— No, pewnie, że człowiekowi, ale przecież nie każdemu.

— Nie każdemu. Powinno się...

— Już wiem, co powiesz. Trzeba mieć „czyste pomysły".

— Tak. Pomysły, ale do tego trzeba prędko i obrazowo myśleć, dokładnie i konkretnie wyobrażać sobie swoje ciało i pragnienie, silną wolę, wiarę w siebie...

— Nie tłumacz mi, Anastazjo, nie staraj się nadaremnie. Lepiej powiedz, czy w każde miejsce możesz przenieść swoje ciało?

— Mogę w jakiekolwiek, ale bardzo rzadko to robię. W każde jest bardzo niebezpiecznie... No, i nie ma takiej potrzeby. Po co przenosić ciało? Można inaczej...

— Dlaczego to jest niebezpieczne?

— Powinno się bardzo dokładnie wyobrazić sobie to miejsce, gdzie ma się przenieść swoje ciało.

— A jeśli sobie niedokładnie wyobrazisz, to co się może stać?

— Wtedy ciało może paść ofiarą.

— Ofiarą? Czego?

— Na przykład zapragniesz przenieść swoje ciało na dno oceanu. Przeniesiesz je, a wtedy ciśnienie wody cię zmiażdży albo się zachłyśniesz. W mieście możesz trafić na drogę wprost pod jadący samochód, a wtedy on może uderzyć w ciało i pokaleczyć.

— A czy na inną planetę też można się przenieść?

— Odległość absolutnie nie odgrywa tu żadnej roli. Ciało przeniesie się w to miejsce, które ukaże twoja myśl. Bo przecież najpierw myśl się ukazuje w upragnionym miejscu. Ona właśnie formuje i zbiera na nowo rozproszone wcześniej w przestrzeni ciało.

— A żeby rozpuścić swe ciało, o czym powinno się myśleć?

— Wyobrazić sobie całkowicie jego materię, co do najmniejszego atomu i jądra. Dostrzec, jak w jądrze cząsteczki chaotycznie tworzą ruch, rozpuścić je myślą w przestrzeni. Następnie zebrać w tej samej kolejności, to ten jakby chaotyczny ruch w jądrze, i przy tym precyzyjnie je odtworzyć. Wszystko jest bardzo proste, jak zabawa dziecka klockami.

— Ale może się zdarzyć tak, że na innej planecie nie będzie odpowiedniej atmosfery do oddychania?

— Przecież ci tłumaczę, bardzo niebezpieczne jest nieumyślne przenoszenie, powinno się wiele przewidzieć.

— To znaczy, że nie uda się na inną planetę?

— Uda się. Część otaczającej atmosfery można przemieścić razem z ciałem i przez jakiś czas można w niej przeżyć. Ale najlepiej ciała w ogóle nie przemieszczać bez niezbędnego powodu. W większości przypadków wystarczy popatrzeć swoim promieniem na odległość lub przemieszczać jedynie swoje drugie, niematerialne „ja".

— Niewiarygodne! Trudno uwierzyć, że kiedyś mógł to uczynić każdy człowiek.

— Dlaczego „kiedyś"? Drugie „ja" ludzkie i dzisiaj może się swobodnie przemieszczać, i czyni to. Tylko ludzie nie stawiają przed nim żadnych zadań, nie określają celu.

— U kogo, u jakich ludzi i kiedy się przemieszcza?

— Dzisiaj zazwyczaj zdarza się to w czasie snu. Jednak można też tak samo uczynić w czasie ruchu. Ale z powodu codziennej krzątaniny i wszelkich możliwych dogmatów, różnych nawymyślanych problemów ludzie coraz bardziej tracą zdolność kierowania sobą. Tracą zdolność do wystarczająco obrazowego myślenia.

— A może dlatego, że nie jest ciekawie podróżować bez ciała?

— Dlaczego tak myślisz? Przecież efekt końcowy dla zmysłów może być często taki sam.

— Gdyby był taki sam, to nie taszczyliby ludzie swych ciał, podróżując po różnych państwach. Biznes turystyczny jest dzisiaj bardzo dochodowy.

A poza tym jakoś nie dociera do mnie tłumaczenie o drugim „ja". Jeżeli ciała gdzieś tam nie było, to nie było tam i człowieka. I tu jest wszystko proste i jasne.

— Powoli, Władimirze, nie spiesz się tak z wywodami. Zaraz przytoczę ci różne sytuacje, a ty spróbuj odpowiedzieć na pytanie, w której z nich był w podróży ten umowny człowiek.

— Dobrze, powiem ci, opowiadaj.

— Oto pierwsza: wyobraź sobie siebie lub innego człowieka pogrążonego w mocnym śnie. Kładą go na noszach, przewożą śpiącego do samolotu i wysyłają do miasta za granicą, na przykład z Moskwy do Jerozolimy. Tam śpiącego wiozą główną ulicą, wnoszą do świątyni i nadal w czasie snu wiozą go z powrotem tą samą drogą i kładą w tym samym miejscu. Jak myślisz, czy człowiek z Moskwy był w Jerozolimie?

— Najpierw opowiedz o dwóch pozostałych.

— Dobrze. Inny pojechał sam do Jerozolimy, pospacerował po głównej ulicy, wstąpił do świątyni, pobył tam trochę i wrócił.

— A trzeci?

— On ciałem został w domu. Ale posiadał zdolność wyobrażania sobie wszystkiego na odległość. Jakby we śnie spacerował po mieście, był w świątyni, jeszcze gdzieś tam wstąpił i tak samo w myślach wrócił do swoich obowiązków. Który z tych trzech był w Jerozolimie, jak myślisz?

— Tak naprawdę tam był tylko jeden z tych trzech. Właśnie ten, który sam pojechał w podróż i sam wszystko obejrzał.

— Niech tak będzie. Ale co każdemu z nich dała ta wizyta?

— Pierwszemu oczywiście nic. Drugi mógł opowiedzieć to, co widział, a trzeci, przypuszczam, też mógłby coś opowiedzieć, jednak może się mylić, ponieważ będzie opowiadał o tym, co zobaczył we śnie, a sen z rzeczywistością może bardzo mocno się rozminąć.

— Ale sen jako zjawisko też jest rzeczywistością.

— Zgadzam się, sen istnieje jako zjawisko. Niech on też będzie rzeczywistością, ale do czego dążysz, mówiąc o tym?

— Do tego — chyba nie będziesz tego negować — że człowiek zawsze jest zdolny łączyć lub stykać ze sobą dwie istniejące rzeczywistości.

— Wiem, do czego zmierzasz, chcesz powiedzieć, że sen można podporządkować i skierować, dokąd chcesz.

— Tak.

— Ale dzięki czemu takie coś się udaje?

— Za pomocą energii myśli, zdolności jej wyzwalania i przenikania w obrazy, w każdą rzeczywistość.

— To co, czy ona wtedy nagra wszystko w innym państwie jak kamera wideo?

— Wspaniale, niech kamera posłuży nam jako prymitywne potwierdzenie. Doszedłeś więc do wniosku, Władimirze, że nie zawsze zachodzi konieczność przemieszczania ciał, aby przeżyć zdarzenia w dalekich krajach?

— No, być może nie zawsze. Ale dlaczego w ogóle o tym wspomniałaś?

— Zrozumiałam, kiedy zacząłeś mówić o innych światach, że poprosisz mnie albo zażądasz, aby ci je pokazać. Pragnę spełnić twą prośbę, nie narażając twego ciała na ryzyko.

— Wszystko świetnie zrozumiałaś, rzeczywiście, chciałem cię o to poprosić. Jest więc na innych planetach życie. Och, jak ciekawie byłoby na nie popatrzeć!

— Którą z planet chcesz wybrać na swoją wycieczkę?

— A co, wiele z nich jest zamieszkałych?

— Jest ich mnóstwo, ale na żadnej życie nie jest tak urozmaicone, jak na Ziemi.

— No, dobrze, to jak wygląda to życie na innych planetach? Jak ono powstało?

— Kiedy powstała Ziemia jako Boskie stworzenie, to wiele istot wszechświata zapłonęło pragnieniem powtórzenia tego cudu. Zapragnęły stworzyć coś swojego, w innych światach, wykorzystując do tego odpowiednie według nich planety. I tworzyły. Jednak życia w harmonii, podobnego do ziemskiego, nikomu nie udało się stworzyć. We wszechświecie istnieje planeta, gdzie nad wszystkim panują mrówki. Jest ich tam mnóstwo. Zjadają inne formy życia, a kiedy już nie mają się czym odżywiać, zjadają siebie nawzajem i giną. Istota, która stworzyła takie życie, usiłuje znów powtórzyć swoje tworzenie, ale nadal nic lepszego jej nie wychodzi. Połączyć w harmonii wszystkiego, co istnieje, nikt nie zdołał. Istnieją jeszcze planety, gdzie istoty próbowały i nadal próbują stworzyć świat roślin podobnie jak na Ziemi. Drzewa, trawy i krzaki rosną na tych planetach, jednak stworzenia te umierają za każdym razem, kiedy osiągną dorosłe stadium. Żadna z istot wszechświata nie zdołała odgadnąć tajemnicy reprodukcji. One są jak współczesny człowiek. Przecież współczesny człowiek sam stworzył wiele sztucznych rzeczy, ale wszystkie jego stworzenia nie mogą same siebie powielać. Psują się, gniją, starzeją się i wymagają stałej opieki. Większa część ludzi na Ziemi przemieniła się w niewolników swoich własnych stworzeń. Jedynie stworzenia Boga są zdolne do reprodukcji siebie i do życia w harmonii przy tak wielkiej różnorodności.

— Anastazjo, a czy we wszechświecie są planety, na których istoty znają się tak dobrze na technice jak my?

— Tak, istnieje taka planeta. Jest sześciokrotnie większa od Ziemi, żyją na niej istoty zewnętrznie podobne do człowieka. Ich sztuczna technika pod względem doskonałości znacznie wyprzedza ziemską. Życie na tej planecie zostało stworzone przez istotę wszechświata uważającą się za podobną Bogu. Ponadto dąży ona do dominacji nad boskimi stworzeniami.

— To powiedz, czy to właśnie oni przylatują na ziemię w talerzach i statkach kosmicznych?

— Tak. Już nieraz próbowali nawiązać kontakt z ludźmi na Ziemi...

— Nie, poczekaj, czy mogłabyś w jakiś sposób mnie, moje drugie „ja", na moment tam zanieść?

— Tak, mogę.

— To mnie tam zanieś.

Anastazja poprosiła mnie, abym położył się na trawie i rozluźnił, ręce rozłożył na boki. Swoją dłoń położyła na mojej i za jakiś czas zacząłem pogrążać się w czymś podobnym do snu. Mówię w „czymś", ponieważ to zasypianie było niezwykłe. Najpierw następowało coraz większe rozluźnienie ciała. Zupełnie przestałem je odczuwać, ale wszystko, co działo się naokoło, doskonale widziałem i słyszałem. Ptaki, szelest liści. Następnie

100

zamknąłem oczy i pogrążyłem się we śnie, albo się rozdzieliłem, jak mówi Anastazja. Jednak do tej pory nie potrafię zrozumieć, jak i co działo się ze mną później. Jeśli przypuszczać, że z pomocą Anastazji usnąłem i widziałem sen, to zgodnie z pewnością uczuć i jasnością uświadomienia sobie wszystkiego, co zobaczyłem, nie można go porównać ze zwykłym snem człowieka.

INNE ŚWIATY

Widziałem inny świat, inną planetę precyzyjnie i dokładnie. Zapamiętałem wszystko, co się tam działo, ale jednocześnie w głowie pojawiła się myśl, że zobaczyć coś takiego jest rzeczą niemożliwą. Wyobraźcie sobie, mój umysł mówi, że niemożliwe jest zobaczenie czegoś takiego, a one, widma i obrazy, do tej pory są we mnie. Teraz postaram się je dla was opisać.

Stałem na gruncie podobnym do ziemskiego. Dookoła nie było absolutnie roślinności. Mówię, że stałem, ale czy można to tak nazwać, trudno powiedzieć. Nie miałem ani rąk, ani nóg, nie było ciała, a jednocześnie wydawało mi się, że odczuwam stopami przez podeszwy kamienistą, nierówną powierzchnię. Naokoło, jak daleko sięgnąć wzrokiem, nad glebą wznosiły się podobne do metalowych, jajowate i kwadratowe jak klocki maszyny. Mówię: maszyny, dlatego że najbliższa mnie jak gdyby cicho terkotała. Z każdej z nich odchodziło w głąb gruntu mnóstwo wężów różnej grubości. Niektóre z nich lekko drgały, jakby wysysano przez nie coś z głębi, a inne leżały nieruchomo. W pobliżu nie było żadnych żywych istot. Nagle ujrzałem, jak z boku dziwnego mechanizmu rozsunęły się skrzydła i z nich powoli się wysunął jakiś dysk, podobny do rzucanego przez sportowców, ale znacznie większy. Średnica dysku miała około czterdziestu pięciu metrów. Zawisł w powietrzu, zawirował, opadł, a następnie wzniósł się i zupełnie bezgłośnie przeleciał nade mną. Inne stojące w oddali mechanizmy uczyniły to samo i jeszcze kilka dysków przeleciało mi nad głową w ślad za pierwszym. I znowu pustka, i tylko brzęk i potrzaskiwanie dziwnych maszyn. Wszystko to ciekawiło, ale jeszcze bardziej przerażało swoją martwotą.

— Niczego się nie bój, Władimirze — ku mojej radości niespodziewanie usłyszałem głos Anastazji.

— Gdzie jesteś, Anastazjo? — zapytałem.

— Obok ciebie, jesteśmy niewidzialni. W tej chwili są tu obecne nasze zmysły i uczucia, rozum i wszystkie inne niewidzialne energie. Znajdujemy się tu bez swoich materialnych ciał. Nikt nam nie może nic zrobić. Obawiać się można jedynie siebie, skutków własnych odczuć.

— Jakie mogą być skutki?

— Psychiczne. To jakby czasowo zwariować.

— Oszaleć?

— Tak tylko na jakiś czas, na miesiąc lub dwa. Bywa, że widok innych planet wzburza umysł i świadomość człowieka. Ale nie bój się, tobie to nie grozi. Ty to wytrzymasz. Nie bój się tu niczego. Uwierz i zrozum, Władimirze, oni są dla ciebie, ale ciebie dla nich nie ma. W tej chwili jesteśmy niewidzialni i przez wszystko możemy przeniknąć.

— Przecież się nie boję. Lepiej mi powiedz, co to są za maszyny, które tak brzęczą wszędzie naokoło? Do czego służą?

— Każda z tych jajopodobnych maszyn jest fabryką. Właśnie one produkują tak interesujące cię latające talerze.

— A kto kieruje tymi fabrykami i je obsługuje?

— Nikt. Od początku są zaprogramowane do produkcji określonego wyrobu. Rurami, które wchodzą w głąb, zasysa się niezbędny surowiec w odpowiedniej ilości. W niedużych komorach odbywa się stapianie, stemplowanie, następnie składanie i na zewnątrz wychodzi całkowicie gotowy produkt. Taki zakład jest bardziej racjonalny niż jakikolwiek ziemski. Odpadów z jego pracy praktycznie nie ma. Nie trzeba się zajmować dostawą odpowiedniego surowca z odległych miejsc, nie trzeba taszczyć oddzielnych elementów do miejsca, gdzie składa się całość. Cały proces produkcji odbywa się w jednym miejscu.

— Niesamowite! Ach, gdyby nam dano coś takiego. A kto kieruje wyprodukowanym talerzem? Widziałem, że wszystkie lecą w tym samym kierunku.

— Nikt nimi nie kieruje. Same lecą w miejsce magazynowania.

— Niewiarygodne! Prawie jak żywa istota.

— Właśnie nie ma w tym niczego niewiarygodnego nawet dla technologii ziemskich. Przecież na Ziemi też są samosterujące rakiety i samoloty.

— Przecież nimi i tak kierują ludzie, z ziemi.

— Już od dawna są na ziemi takie rakiety, zaprogramowane wcześniej na określony cel. Wystarczy tylko nacisnąć przycisk START i rakieta sama startuje i leci do określonego celu.

— No, może i są, faktycznie, co ja się tu tak mocno dziwię.

— Jeśli trochę pomyśleć, to niekoniecznie trzeba być tym zdziwionym, ale w porównaniu z technologią ziemską jest tu znaczny progres. Te zakłady, Władimirze, są wielofunkcyjne. Mogą produkować wiele, poczynając od produkcji żywności, a na potężnej broni kończąc.

— Z czego mogą produkować żywność? Przecież tu nic nie rośnie.

— Wszystko znajduje się w głębi. Jeżeli zajdzie taka potrzeba, niezbędne soki maszyna wyciągnie z głębi rurami, zgranuluje i sprasuje. W tych granulkach znajdują się wszystkie składniki niezbędne do prawidłowego funkcjonowania organizmu.

— A czym ta maszyna się odżywia, co daje jej energię elektryczną? Przecież nie widać żadnych przewodów.

— Energię również sama dla siebie produkuje, wykorzystując wszystko, co ją otacza.

— Ale patrzcie, jaka mądra! Mądrzejsza od człowieka!

— Wcale nie jest mądrzejsza. Przecież to zwykła maszyna. Jest podporządkowana ustalonemu programowi. Bardzo łatwo ją przeprogramować. Chcesz, pokażę ci, jak to się robi.

— Pokaż.

— To chodź, zbliżmy się do jednej z nich.

Staliśmy metr od ściany ogromnego jak dziewięciometrowy dom mechanizmu. Wyraźnie słychać było jego terkot. Wiele giętkich jak macki ośmiornicy rur wchodziło w głąb i poruszało się. Powierzchnia ściany nie była całkowicie gładka, zauważyłem koło o średnicy około metra, gęsto utkane cienkimi jak włosy przewodami, ruszającymi się samodzielnie.

— To jest antena skanera. Wychwytuje ona energoimpulsy mózgu, które są wykorzystywane do tworzenia programów zdolnych wykonywać otrzymane zadania. Jeżeli twój mózg wymodeluje jakąś rzecz, maszyna będzie musiała ją wyprodukować.

— Każdą rzecz?

— Każdą, którą będziesz w stanie dokładnie sobie wyobrazić, jakby zbudować ją we własnych myślach.

— I każdy samochód?

— Tak, pewnie.

— I ja właśnie teraz mogę to wypróbować?

— Tak. Przybliż się do odbiornika, najpierw w myślach zmuś antenę, aby skierowała na ciebie wszystkie włoski. Jak tylko to się stanie, zacznij wyobrażać sobie to, czego pragniesz.

Stałem obok owłosionej anteny i, płonąc z ciekawości, w myślach, jak przykazała Anastazja, pragnąłem, żeby wszystkie włoski skierowały się w moją stronę. One lekko drgnęły, skierowały swoje końcówki ku mojej niewidzialnej głowie i zamarły. Teraz trzeba było wyobrazić sobie jakąkolwiek rzecz. Nie wiem dlaczego, zacząłem sobie wyobrażać samochód, ładę, siódmy model — właśnie taki, jaki miałem w Nowosybirsku. Wszystko dokładnie starałem się sobie wyobrazić, szyby, maskę, zderzak, kolor i nawet tablice. W ogóle wszystko długo sobie wyobrażałem. Kiedy mi się znudziło, odszedłem od anteny. Ogromna maszyna zabrzęczała głośniej niż zwykle.

— Musimy poczekać — tłumaczyła Anastazja. — Teraz demontuje niedokończony wyrób i programuje się, aby wykonać twój zamysł.

— Jak długo to potrwa?

— Myślę, że niedługo.

Podchodziliśmy do innych maszyn. W momencie kiedy oglądałem różnokolorowe kamienie pod nogami, głos Anastazji poinformował mnie:

— Myślę, że produkcja twojego pomysłu została zakończona. Chodź, zobaczymy, jak maszyna sobie poradziła z tym zadaniem.

Przenieśliśmy się ku znajomej maszynie i staliśmy, wyczekując. Za jakiś czas otworzyły się szyby i po gładkim trapie stoczyła się na glebę łada, ale do piękności ziemskiego samochodu tej brzydulce, co stała przede mną, było bardzo daleko. Po pierwsze, miała tylko jedne drzwi, od strony kierowcy. Zamiast tylnych foteli jakieś motki drutów i kawałki gumy. Okrążyłem ją, czyli przemieściłem się dookoła stojącego wyrobu. Samochodem to nie można było tego określić. Z prawej strony brakowało dwóch kół. Przedniej tablicy i zderzaka też nie było. Maska, na to wyglądał, nie podnosiła się. Stanowiła jedną całość z karoserią. Prawdę mówiąc, ten unikatowy zakład wyprodukował nie samochód, lecz jakąś karykaturę nieznanego przeznaczenia. Wtedy powiedziałem:

— Też mi produkt wyprodukowało przedsiębiorstwo z innej planety. U nas za coś takiego wszyscy ziemscy inżynierowie i konstruktorzy zostaliby zwolnieni.

W odpowiedzi zabrzmiał śmiech Anastazji, a następnie jej głos zakomunikował:

— No, pewnie, że zostaną zwolnieni. Ale przecież głównym konstruktorem, w tym przypadku, byłeś ty, Władimirze, i widzisz teraz owoc swojej pracy.

— Przecież chciałem normalny, nowoczesny samochód, a ona co mi tu wypluła?

— Nie wystarczy chcieć. Wszystko powinieneś sobie wyobrazić w najdrobniejszych szczegółach. Ty nawet nie zaprojektowałeś w swojej wyobraźni drzwi dla pasażerów, pomyślałeś tylko o jednych drzwiach, dla siebie. Byłeś już zbyt leniwy, żeby przyczepić koła z drugiej strony, podejrzewam, że nie pomyślałeś również o silniku.

— Nie pomyślałem.

— Nie ma więc w twojej konstrukcji silnika. To po co obrażasz się na producenta, jeżeli sam ustaliłeś tak niedoskonały program?

Nagle zauważyłem albo poczułem zbliżające się do nas trzy latające aparaty. „Trzeba spadać" — przemknęło mi przez głowę. Ale uspokoił mnie głos Anastazji:

— Oni nas nie zauważą ani nie poczują, Władimirze. Otrzymali informację o zastoju w pracy zakładu i przypuszczam, że teraz będą to rozpatrywać, a my możemy sobie spokojnie obserwować żywych obywateli tej planety.

Z trzech niewielkich latających aparatów wyszło pięciu ufoludków. Byli bardzo podobni do ziemskich ludzi. Dobrze zbudowani, żadnego przygarbienia, prosto i dumnie trzymały piękne głowy ich atletyczne ciała. Mieli włosy na głowach i brwi na twarzach, a jeden nawet miał dobrze przystrzyżone wąsiki. Ubrani byli w przylegające do ciała, cienkie, kolorowe kombinezony. Kosmici podeszli do wyprodukowanego przez ich zakład samochodu, jeżeli można to tak nazwać. Stali obok niego, milcząc, i patrzyli bez emocji. „Chyba nad czymś medytują" — pomyślałem. Od grupy odszedł z wyglądu najmłodszy, jasnowłosy kosmita, podszedł do drzwi samochodu i próbował je otworzyć. Drzwi nie poddawały się. Przypuszczam, że zamek się zaciął. Jego dalsze czyny były zupełnie ziemskie i bardzo przypadły mi do gustu. Jasnowłosy dłonią walnął w okolicy zamka, jeszcze raz mocniej szarpnął za klamkę i drzwi się otworzyły. Usiadł w fotelu kierowcy, chwycił za kierownicę i wnikliwie zaczął się przyglądać urządzeniom deski rozdzielczej. „Zuch chłopak, mądrala" — pomyślałem, a na potwierdzenie swojej myśli usłyszałem głos Anastazji:

— Jest to bardzo wybitny zgodnie z ich miarą naukowiec, Władimirze. Bardzo prędko i racjonalnie pracuje jego myśl w kierunku technicznym. Dodatkowo bada byt kilku planet, w tym Ziemi. Nawet imię ma podobne do ziemskiego, nazywa się Arkaan.

— Dlaczego nie ma na jego twarzy żadnych oznak zdziwienia ani nic, że ich zakład wyprodukował nie to, co należy?

— Mieszkańcy tej planety nie posiadają uczuć ani emocji. Umysł ich pracuje racjonalnie i równo. Nie ulegają wybuchom emocjonalnym i nie uchylają się od realizacji wytyczonego celu.

Jasnowłosy wyszedł z samochodu i wydał dźwięki podobne do alfabetu Morse'a. Z grupy kosmitów wyszedł starszy mężczyzna, stanął obok owłosionej anteny, przy której ja wcześniej stałem. Następnie wszyscy wsiedli do swoich latających aparatów i znikli. Zakład, który wyprodukował samochód mojego projektu, znów zaterkotał. Jego rury-macki wysuwały się z głębi i kierowały w stronę najbliższego automatu-zakładu, z którego też wysuwały się rury-macki. Kiedy wszystkie połączyły się ze sobą, Anastazja powiedziała:

— Widzisz, oni ustawili program samozniszczenia. Wszystkie części szwankującego zakładu będą przetopione przez drugi zakład i wykorzystane w nowej produkcji.

Było mi trochę żal zakładu-robota, z którym tak nieszczęśliwie stworzyłem ziemski samochód, ale co zrobić?

— Władimirze, chcesz popatrzeć na życie mieszkańców planety? — zapytała Anastazja.

— Pewnie.

Ukazaliśmy się nad jednym z miast lub nad jakąś wioską tej wielkiej planety. Widok z góry przedstawiał taki obraz. Jak daleko sięgnąć wzrokiem, cały zamieszkały teren składał się z wielu podobnych do nowoczesnych wieżowców, cylindrycznych zabudowań, ustawionych po wielu okręgach. W centrum każdego okręgu znajdowały się niższe konstrukcje, przypominające nieco nasze ziemskie drzewa. Miały mnóstwo zielonych liści pełniących funkcję radarów. Anastazja potwierdziła, że sztuczne konstrukcje zbierają z głębi niezbędne dla odżywienia organizmu składniki odżywcze, podawane później specjalnymi rurociągami do mieszkania każdego mieszkańca planety. Poza tym te znajdujące się w centrum konstrukcje podtrzymują niezbędną dla życia planety atmosferę. Kiedy Anastazja zaproponowała mi, aby odwiedzić któreś z mieszkań, zapytałem:

— Czy moglibyśmy pojawić się w mieszkaniu tego młodego jasnowłosego, który wszedł do mojego samochodu?

— Tak — odparła — właśnie w tej chwili wraca do swojego mieszkania.

Pojawiliśmy się prawie na samym szczycie jednego z cylindrycznych wieżowców. Na tej planecie nie było w domach okien. Okrągłe mury były pomalowane w kwadraty o stonowanych kolorach. Na dole każdego kwadratu były suwane do góry drzwi jak w nowoczesnym garażu. Od czasu do czasu z otwierających się dolnych części kwadratu wylatywały niewielkie latające aparaty podobne do tych, które stały obok zakładu, i leciały w swoją stronę. Wynikało z tego, że w tym wieżowcu pod każdym mieszkaniem znajdował się garaż dla latającego talerza. Dlatego też nie było w domu ani windy, ani drzwi. Każde mieszkanie miało swoje oddzielne wejście, prosto z garażu. I jak się później wyjaśniło, takie mieszkanie posiadał każdy, kto osiągnął określony wiek.

Początkowo samo mieszkanie nie bardzo przypadło mi do gustu. Kiedy w ślad za jasnowłosym kosmitą przenieśliśmy się dᵕ jego mieszkania, zdziwiłem się przede wszystkim jego ubóstwem i prostotą. Pokój około trzydziestometrowy był całkowicie pusty. Mało tego, że nie było w nim okien ani ścianek działowych, to jeszcze nie było nawet niezbędnych mebli. Na gładkich, jasnych ścianach nie było żadnych półek ani obrazków dla ozdoby.

— A co, on dopiero dostał to mieszkanie? — zapytałem.

— Arkaan mieszka tu już dwadzieścia lat. W jego mieszkaniu jest wszystko, co niezbędne do odpoczynku, rozrywki i pracy. To, co niezbędne, wmontowane jest w ścianie. Zaraz sam się przekonasz.

Faktycznie, jak tylko jasnowłosy wszedł do mieszkania, sufit i ściany pokoju zaświeciły się ciepłym światłem. Arkaan obrócił się twarzą do ściany obok wejścia, przyłożył dłoń i wydał dźwięk. Na ścianie zaświecił się kwadrat.

Anastazja komentowała wszystkie odbywające się w mieszkaniu czynności: „Teraz komputer po liniach dłoni i obrazie oka identyfikuje właściciela mieszkania, teraz go przywita, komunikuje czas jego nieobecności i niezbędność zbadania stanu zdrowia. Widzisz, Władimirze, drugą rękę Arkaan przyłożył do klawiatury i wziął głęboki oddech, aby komputer mógł sprawdzić jego fizyczny stan zdrowia". Po zakończonym badaniu na ekranie pojawił się komunikat, aby niezwłocznie przyjął odżywczą mieszankę. I od razu pojawiło się pytanie, co ma zamiar robić gospodarz przez najbliższe trzy godziny. To jest niezbędne dla komputerowego przyrządzenia odpowiedniej mieszanki. Arkaan zamówił mieszankę zdolną maksymalnie uaktywnić jego działalność umysłową na najbliższe trzy godziny. Potem zamierza pójść spać. Komputer odradza mu jednak zajmować się aktywną umysłową pracą przez trzy godziny. Zaproponował mu zażycie składu odżywczego potrzebnego na podtrzymywanie aktywnej pracy przez dwie godziny i szesnaście minut. Arkaan zgodził się ze zdaniem komputera. W ścianie otworzyła się niewielka wnęka, w której pociągnął za haczyk jakąś giętką rurkę, przyłożył jej koniec do ust, wypił czy zjadł i poszedł do przeciwnej ściany. Wnęka z rurką się zamknęła, kwadrat ekranu zgasł, a ściana, przy której stał kosmita, stała się znowu gładka i jednolita.

„Ja cię kręcę — pomyślałem. — Przy takiej technice odpada potrzeba posiadania kuchni z całym jej oprzyrządowaniem: naczyniami, meblami i sprzątaniem. A jeszcze konieczność dobrze gotującej żony też odpada! Nie trzeba robić zakupów, a na dodatek komputer jednocześnie sprawdza stan zdrowia i przygotowuje niezbędne jedzenie, i daje różne rady. Ciekawe, ile kosztowałby taki komputer, gdyby produkowano go u nas na Ziemi?". I w tym samym momencie zabrzmiał głos Anastazji:

— Co dotyczy kosztów, to znacznie taniej jest wyposażyć takie mieszkanie w podobne urządzenie niż gromadzić meble, kuchnie i mnóstwo urządzeń do przygotowywania posiłków. Oni są we wszystkim znacznie racjonalniejsi od Ziemian. Jednak na Ziemi istnieje coś o wiele bardziej racjonalnego niż tu.

Nie zwróciłem uwagi na ostatnie zdanie Anastazji. Bardzo zaciekawiły mnie następne czynności Arkaana. Nadal rozkazywał dźwiękami swojego głosu, a w pokoju odbywały się następujące zdarzenia: z części ściany nagle zaczął wydmuchiwać się fotel, obok niego otworzyła się niewielka wnęka, z której wysunął się stolik z jakimś półprzezroczystym zamkniętym naczyniem, podobnym do kolby laboratoryjnej. Na przeciwległej ścianie pokoju zaśnił wielki ekran, z półtora-, dwumetrowy. Na nim była urocza kobieta w kombinezonie opinającym ciało. Trzymała w rękach naczynie podobne do stojącego na stoliku obok Arkaana. Obraz kobiety na ścianie był trójwymiarowy i znacznie wyraźniejszy niż u nas w telewizorze. Miałem wrażenie, że nie tylko jest na ekranie, ale siedzi w pokoju naprawdę. Jak wytłumaczyła mi później Anastazja, Arkaan i siedząca naprzeciwko niego niewiasta robili własne dziecko:

— Mieszkańcy tej planety nie posiadają wystarczającej mocy zmysłów, dlatego nie mogą się łączyć w intymne związki tak jak ludzie na Ziemi. Pozornie ich ciała niczym się nie różnią od ciał ziemskich, ale brak zmysłów nie pozwala im płodzić potomstwa ziemskim sposobem. W probówkach, na które patrzysz, znajdują się ich komórki i hormony. Mężczyzna i kobieta wyobrażają sobie, jakie chcieliby widzieć swoje przyszłe dziecko, jak ma wyglądać. Oni myślą zakładają mu obecną w nich informację i dyskutują jego przyszłą działalność. Ten proces trwa cyklicznie prawie trzy lata w wyliczeniu ziemskim. Jeżeli tylko uznają, że proces formowania dziecka jest już zakończony, to w specjalnym laboratorium połączą zawartość dwóch probówek, wyprodukują dziecko i w specjalnej szkółce wyhodują je aż do pełnoletności. Dadzą pełnoletniemu mieszkanie i wpiszą go na listę do jednej z pracowniczych grup.

Arkaan patrzył to na kobietę z ekranu, to znów na stojące przed nim małe, zakorkowane naczynie z płynem. Nagle wbudowany w ścianę obraz zgasł. Jednak kosmita pozostał na swoim fotelu i, nie odrywając oczu, patrzył na stojące przed nim naczynko z cząsteczką swego przyszłego dziecka. Przeciwległa ściana zamigotała czerwonymi kwadratami, kosmita obrócił się bokiem ku ścianie i dłonią zasłonił oczy od migającego światła, i jeszcze bliżej schylił głowę ku swojemu naczynku, w tym samym momencie z sufitu trwożnie zamigotały nowe kwadraty i trójkąty światła.

— Odliczony Arkaanowi czas aktywności już się skończył i teraz komputer natarczywie przypomina mu o konieczności snu — wyjaśniła Anastazja.

Jednak kosmita jeszcze niżej schylił się do swojego naczynka i wziął je w swoje dłonie. Zniknęło świetlne migotanie ze ścian i sufitu, pokój zaczął wypełniać podobny do pary gaz. Głos Anastazji komentował:

— Zaraz komputer uśpi Arkaana sennym gazem.

Głowa kosmity zaczęła się powoli skłaniać do stolika i niedługo położyła się na nim z zamkniętymi oczyma. Fotel zaczął się wysuwać ze ściany, przemieniając się w łóżko. Następnie zakołysał się i ciało już śpiącego kosmity spadło na wygodne łoże. Arkaan spał, przytulając dłońmi do piersi swoje małe naczynko. Jeszcze można by dużo opowiadać o technicznych nowościach niezwykłego mieszkania i całej wielkiej planety. Zgodnie ze słowami Anastazji, społeczeństwu żyjącemu na tej planecie nie grozi żadna interwencja z zewnątrz. Mało tego, za pomocą swoich technicznych osiągnięć są w stanie zniszczyć życie na wszystkich innych planetach wszechświata, na każdej oprócz Ziemi.

— Dlaczego? — pytałem. — Czy dlatego, że nasze rakiety i broń zdolne są odeprzeć ich atak?

— Nie rakiety ziemskie są dla nich groźne, Władimirze. Społeczeństwo tej planety już dawno poznało wszystko, co pozostaje w wyniku rozszerzenia wybuchu, znany jest im również skurcz wybuchu!

— Co to znaczy: skurcz wybuchu?

— Na Ziemi wiadomo, że kiedy dwa lub kilka składników łączy się w reakcji, rozszerzając się, powodują wybuch. Ale istnieje reakcja zupełnie inna niż połączenie dwóch składników. Gazopodobny składnik o wymiarze kilometra sześciennego i większym w jednym momencie może się skurczyć w groszek i stać się w nadmiarze twardym materiałem. Wyobraź sobie rakietę lub bombę, która wybucha w takim obłoku, ale jednocześnie sile wybuchu rozszerzenia przeciwstawia się inna siła i wybuch skurczu odbędzie się w tej samej chwili. W rezultacie usłyszysz tylko puknięcie i w kamyczek jak ziarenko grochu przemieni się wszystko, co znajdowało się w tym obłoku. Historia Ziemi pamięta dwa ataki z ich strony. Teraz przygotowują trzeci. Uważają, że znowu nadchodzi dobry moment.

— Z tego wynika, że nie możemy im się w ogóle przeciwstawić, jeśli nie ma na Ziemi broni mocniejszej niż u nich.

— Człowiek ma broń i jest nią myśl człowieka. Nawet ja sama mogłabym połowę ich broni zmienić w pył i rozwiać go po całym wszechświecie. A gdyby znaleźli się pomocnicy, to razem moglibyśmy zlikwidować ich broń całkowicie. Jednak problem polega na tym, że większość ludzi i prawie wszystkie rządy odbiorą ich przyjście jako dobry znak.

— Ale jak to może być, żeby okupację, atak wszyscy przyjęli jako błogosławieństwo?

— Zaraz zobaczysz. Proszę, popatrz na centrum przygotowujące desant, aby podbić ziemskie kontynenty.

CENTRUM NAJEŹDŹCÓW

Oczywiście oczekiwałem, że zobaczę międzyplanetarną supertechnikę zdolną podbić całą planetę, ale to, co stanęło przed moimi oczyma... Myślę, że nasi amerykańscy i inni wojskowi specjaliści nawet nie przypuszczają, za pomocą jakiej broni mogą być z łatwością podbite pozornie przez nich strzeżone tereny. I wy, proszę, szanowni czytelnicy, spróbujcie, zanim zaczniecie czytać dalej, wyobrazić sobie wyposażenie centrum obcej planety, przygotowującego się do podboju Ziemi, a następnie popatrzcie, jak ono wygląda naprawdę. A wyglądało to tak:

Ogromne, kwadratowe pomieszczenie. Z każdej z czterech stron tego pomieszczenia znajdują się, w naturalnym wymiarze, wyposażenia ziemskich parlamentów z różnych państw. Sejm, gabinet naszego prezydenta na Kremlu na przykład. Na przeciwległej stronie pomieszczenia wyposażenie amerykańskiego parlamentu i gabinet prezydenta w Białym Domu. Po dwóch innych stronach wyposażenie państwowych instytucji, przypuszczam, azjatyckich państw. W fotelach zasiadali nasi ziemscy posłowie, kongresmani i pre–zy–den–ci! Najpierw zacząłem oglądać naszych rosyjskich posłów. Byli dokładną kopią znajomych twarzy, które czasami widziałem w telewizji. Tylko siedzieli bez ruchu jak mumie. Być może były to lalki, hologramy, roboty lub jeszcze coś innego. Pośrodku ogromnej sali znajdowało się podwyższenie, na którym zasiadało w przybliżeniu pięćdziesięciu kosmitów. Wszyscy byli poubierani nie w swoje kombinezony, lecz w nasze, ziemskie garnitury. Słuchali przemawiającego. Przypuszczam, że ten był głównym instruktorem albo jakimś innym kierownikiem. Anastazja wytłumaczyła mi, że obserwuję jedną z grup desantowych, słuchających w tej chwili kolejnego wykładu przygotowującego do wspólnego działania z ziemską władzą. Uczą się najbardziej rozpowszechnionych na ziemi języków i manier zachowania ludzi w różnych sytuacjach. Najdokładniej przygotowują się do kontaktu z ziemską władzą, radami ministrów, dzięki którym mieliby wpływ na wszystkich mieszkańców Ziemi. Nauka mowy nie sprawia im żadnego problemu. Ale w związku z brakiem niektórych zmysłów, wywołujących zewnętrzne emocje, jest im bardzo ciężko opanować gesty i mimikę Ziemian. Za żadne skarby nie mogą też pojąć swoim racjonalnym myśleniem logiki w systemie zarządzania ziemskimi państwami. Mimo że ściągali najlepsze umysły i najdoskonalszą technikę swojej cywilizacji, nadal nie mogli rozszyfrować między innymi takiej tajemnicy: dlaczego przy tak rozpowszechnionej technice informatycznej wiele instytutów naukowych nie podaje nigdy informacji o skutkach podejmowanych przez sejm decyzji? Są przekonani, że przy istnieniu określonego centrum analitycznego, do powołania którego wszystko jest, można idealnie zaprojektować zjawiska zachodzące w społeczeństwie w zależności od decyzji parlamentu. Jednak każdy członek ziemskiego parlamentu musi działać samodzielnie.

Nie posiadając wystarczającej informacji, każdy członek rządu powinien sam pełnić funkcję potężnego centrum analitycznego, brać przy tym pod uwagę skutki zachowania swoich kolegów, wrogów i sprzymierzeńców. Oprócz tego wielką tajemnicą i nieodgadnionym pytaniem było, dlaczego Ziemianie nie określają celu, który powinno się osiągnąć. Uważają, że ludzie na Ziemi do czegoś dążą, ale do czego, to jest zachowane w głębokiej tajemnicy. Wnioskując z zapotrzebowań ludzkiego społeczeństwa, kosmici przygotowują plan opanowania ziemskich kontynentów. Realizację swojego planu zaczną od przedstawienia Ziemianom propozycji za pośrednictwem rządów różnych państw. Propozycje te będą przyjęte z entuzjazmem.

Kiedy zapytałem Anastazję, skąd u niej ta pewność co do decyzji ziemskich rządów, usłyszałem po raz kolejny odpowiedź:

— Właśnie tak wyliczyło ich centrum analityczne. Wynik centrum jest prawidłowy. Dzisiejszy poziom świadomości większości Ziemian odbierze ofertę kosmitów jako najwyższy przejaw humanitaryzmu rozumu kosmicznego.

— Co to są za propozycje?

— Są makabryczne, Władimirze, niemiło jest o nich mówić.

— Powiedz chociaż o tych najważniejszych. Ciekawi mnie, co to za makabryczne propozycje przyjęte będą z entuzjazmem na Ziemi? Na tej, na której mieszkamy: ja i ty.

— Kosmici planują wysadzić najpierw niewielki desant, złożony z trzech latających aparatów, na terenie Rosji. Otaczającym ich wojskowym zakomunikują chęć spotkania się z przedstawicielami rządu w sprawie nawiązania współpracy. Przedstawią się im jako przedstawiciele najwyższego rozumu wszechświata i zademonstrują przewagę swojej techniki. Po naradach wojskowych, rządowych po czternastu dniach otrzymają propozycję skonkretyzowania swojej oferty i poddania się badaniom mającym na celu wykluczenie ryzyka kontaktu z nimi. Przybysze wyrażą zgodę na przeprowadzenie badań i przedstawią w postaci dokumentu i kasety wideo swoje propozycje. Tekst zostanie przedstawiony w formie bardzo zbliżonej do dzisiejszych oficjalnych dokumentów i będzie się charakteryzował niezwykłą prostotą. W przybliżeniu będzie wyglądał tak: „My, przedstawiciele pozaziemskiej cywilizacji, osiągnąwszy najwyższy techniczny rozwój w porównaniu z innymi rozumnymi mieszkańcami galaktyk, uważamy ludzi na Ziemi za swoich braci i jesteśmy gotowi podzielić się z ziemskimi społeczeństwami swoją wiedzą w różnorodnych dziedzinach nauki, socjalnej struktury społeczeństwa i udostępnić swoje technologie. Prosimy o rozpatrzenie naszych propozycji i wybranie z nich najbardziej odpowiednich dla udoskonalenia życia każdego członka społeczeństwa". Potem będzie wiele konkretnych propozycji, których sens jest taki:

Przybysze dadzą swoje technologie zaopatrujące wszystkich mieszkańców państwa w odżywcze mieszanki, technologie szybkiej budowy mieszkań dla każdego pełnoletniego człowieka. Takich mieszkań, które obserwowałeś, tylko w uboższej wersji. Dla przykładu sprowadzą do danego państwa swoje zakłady, połączą je z istniejącymi na Ziemi, ale już po pięciu latach wszystkie zakłady ziemskie zostaną zutylizowane. Zamienią je na bardziej racjonalne technicznie. Wszyscy chętni będą mieli zapewnioną pracę, mało tego, każdy mieszkaniec Ziemi będzie zmuszony do wykonania niezbędnego minimum pracy, aby obsłużyć tę technikę. Państwo, podpisawszy kontrakt z przybyszami, będzie w całości chronione przed zbrojną interwencją innych państw. W społeczeństwie z nowym socjalnym wyposażeniem i technologicznie zapewnionym bytem w ogóle nie będzie przestępczości. W danym ci mieszkaniu wszystko, co jest dla ciebie niezbędne, reaguje tylko na rozkazy wydane twoim głosem i tylko jemu odpowiednim brzmieniem. Codziennie przed spożyciem pożywienia komputer twojego mieszkania z gałki ocznej oraz składu wydychanego przez ciebie powietrza i z innych parametrów określi twój stan fizyczny i przypisze określony skład odżywczej mieszanki. Każdy komputer zamontowany w indywidualnym mieszkaniu jest połączony z komputerem głównym. W rezultacie jest rejestrowane miejsce przebywania każdego człowieka, jego fizyczny i psychiczny stan. Każde przestępstwo można z łatwością wykryć za pomocą specjalnego programu komputerowego, ale przede wszystkim nie ma społecznego podłoża rodzącego przestępczość. W zamian za to przybysze zamierzają poprosić rząd o umożliwienie zasiedlenia swoimi ludźmi bezludnych terenów, przeważnie lasów, i o prawo na wymianę indywidualnych ogródków działkowych na wybudowane przez nich, wspaniale technicznie wyposażone mieszkania, z dożywotnim zabezpieczeniem dla każdego, kto zechce tej wymiany dokonać. Rządy wyrażą zgodę, ponieważ stwierdzą, że i tak do nich nadal należy całkowita władza. Część religijnych odłamów zacznie przepowiadać, że przybysze są wysłannikami Boga, ponieważ nie negują żadnej z istniejących na ziemi religii. Przywódcy religijni nie wierzący w ich boską doskonałość nie są w stanie przeciwstawić się przybyszom z powodu zaakceptowania ich przez większość mieszkańców państwa, które zawarło z nimi umowę. Do współpracy z kosmitami zaczną dążyć także inne państwa. Po dziewięciu latach od momentu pojawienia się ich na Ziemi na wszystkich kontynentach i we wszystkich państwach lawinowo będzie się wpajać nowy obraz życia, wszystkimi kanałami informacyjnymi będą propagowane coraz to nowsze osiągnięcia techniki i struktury społeczeństwa. Większość Ziemian będzie sławić przedstawicieli kosmicznego rozumu jako doskonalszych braci w umyśle, jak bóstwa.

— I nienadaremnie będą to czynić — rzekłem do Anastazji. — Nic złego nie ma w tym, że na świecie nie będzie wojen ani przestępczości. Każdy będzie miał mieszkanie, jedzenie i pracę.

— Władimirze, ty chyba nie rozumiesz, że człowieczeństwo, akceptując warunki kosmitów, wyrzeknie się przy tym swojego niematerialnego, boskiego „ja". Samo siebie zniszczy. Zostaną tylko ciała fizyczne. I każdy człowiek, Władimirze, z dnia na dzień stanie się coraz bardziej podobny do biorobota, wszystkie ziemskie dzieci jako bioroboty będą się rodzić.

— Ale dlaczego?

— Wszyscy ludzie będą codziennie zmuszeni obsługiwać te mechanizmy, które z pozoru obsługują ich. Całe społeczeństwo wpadnie w pułapkę. Odda swoją wolną wolę oraz swoje dzieci w imię doskonałości sztucznej techniki. Większość Ziemian w niedługim czasie intuicyjnie wyczuje popełniony błąd i wówczas masowo zaczną popełniać samobójstwa.

— Jakie to dziwne. Czego im zabraknie?

— Wolnej woli, twórczości i uczuć powstających jedynie w chwili tworzenia boskiego stworzenia.

— A jeśli parlamenty czy rządy różnych państw nie zgodzą się na układ z kosmitami, to co wtedy? Czy zaczną niszczyć ludzkość?

— Wtedy umysły kosmitów rozpoczną poszukiwania innych metod, aby złapać w pułapkę wszystkich ludzi. Nie widzą sensu tępić ludzkości, przecież ich celem jest poznanie współdziałania wszystkich ziemskich istot, poznanie siły powodującej reprodukcję. Bez człowieka nic podobnego nie zaistnieje. Człowiek sam jest najważniejszym ogniwem w łańcuchu harmonii ziemskiego stworzenia. A promienie słońca są częścią energii i zmysłów, które promieniują z wielu ludzi. Przy dzisiejszym poziomie świadomości ludzie nie są przeszkodą dla obcych przybyszów. Na dodatek większość Ziemian już dziś stara się im pomagać.

— Jak? Kto z nas może się dla nich starać? Są więc zdrajcy wśród ludzi? Pracują dla nich?

— Pracują, ale nie są zdrajcami, niecelowo rodzi się ta współpraca, nie z ich woli i złości. Główna przyczyna tkwi w braku wiary w siebie oraz w doskonałość stworzeń Boga.

— Co ma jedno do drugiego?

— Wszystko jest proste. Kiedy człowiek dopuszcza do siebie myśl, że nie jest doskonałym stworzeniem, kiedy nagle zaczyna sobie wyobrażać, że na innych planetach żyją istoty rozumniejsze niż on, to on sam je żywi energią swoich myśli. Sam człowiek swoją boską siłę umniejsza, a nie boskim istotom ją daje. Nauczyli się już gromadzić w jeden kompleks energię produkowaną myślami i zmysłami ludzi i są z tego bardzo dumni. Spójrz, teraz przed grupą kosmitów stoi naczynie, w nim lśni płyn to przemieniający się w gaz, to znów twardniejący. Nie mają mocniejszej broni od tej znajdującej się w niewielkim naczynku. Później wszystko, co w nim zawarte, podzielą na małe i płaskie naczynka. Jedna z ich ścianek będzie specjalnym zwierciadłem i takie oto podobne urządzenia zawieszą sobie na piersi. Coś takiego posiadają już wszyscy ci, których widzisz przed sobą. Kiedy skierują na człowieka promień z tego urządzenia, może on wywołać uczucie strachu, uwielbienia lub zachwytu, może również sparaliżować wolę, świadomość i ciało człowieka. W promieniu tym zawarte są myśli wielu ludzi. Właśnie te myśli, że istnieje ktoś silniejszy od człowieka, od człowieka — stworzenia Boga. Kiedy wiele podobnych myśli ulega skupieniu, wówczas walczą przeciwko człowiekowi.

— To znaczy, że sami dajemy im siłę, kiedy uznajemy wyższość ich umysłów nad naszymi?

— Dokładnie tak, mądrzejsze od nas znaczy: są mądrzejsze od Boga.

— A co ma do tego Bóg?

— Wszyscy jesteśmy jego stworzeniem. Kiedy uważamy, że w galaktyce istnieją doskonalsze światy, to tym samym uznajemy siebie za niedoskonałość, niedoskonałe stworzenia Boga.

— Nie do wiary, czy dużo już jest zgromadzonej takiej energii na innych planetach?

— W naczyniu przed tobą jest jej wystarczająca ilość, aby podbić około trzech czwartych wszystkich istniejących na Ziemi umysłów i zawładnąć nimi. Oni uważają, że jest jej nawet w nadmiarze. Wtedy zacznie się uwielbienie ich przez całą cywilizację ziemską. I wzrośnie wtedy ich potęga.

— To co, nic nie można na to poradzić?

— Można, jeżeliby niespodziewanie dla nich zaryzykować. Przecież pewien kompleks zmysłów ludzkich, nawet sam jeden, jest zawsze mocniejszy. Jeszcze można rozpędzić myśl do prędkości nie znanej tym, co nie posiadają uczuć. Całą energię zgromadzoną w tym naczyniu można zneutralizować energią innej myśli — bardziej jaskrawą, pewniejszą i doskonalszą.

— Czy ty, Anastazjo, mogłabyś całą tę energię zgromadzoną w naczyniu zneutralizować?

— Można by spróbować, tylko trzeba by zebrać tu moje całe ciało.

— Po co?

— Niepełny będzie kompleks zmysłów bez ciała. Materia jest jednym z czynników bytu człowieka. Z nim człowiek jest najmocniejszy ze wszystkich istot kosmosu.

— To zbierz je, aby rozbić to naczynie.

— Zaraz spróbuję coś zrobić, wcale go nie rozbijając.

I nagle zobaczyłem Anastazję w ciele. Wszystko było na niej, i bluzeczka, i spódniczka, jak w lesie. Stała boso na podłodze i powoli, nie spiesząc się, podążyła w stronę siedzących przy naczyniu z lśniącym płynem. Zauważyli ją. Żadnych emocji bezuczuciowi kosmici nie przejawiali na swych twarzach, tylko na moment znieruchomieli. Po sekundzie wszyscy się poruszyli i nagle, jakby na czyjś rozkaz, wstali i każdy chwycił oburącz medalion zawieszony na piersi. Wszystkie medaliony wybuchły promieniami. Wszystkie promienie były skierowane w stronę Anastazji. Zatrzymała się, lekko zachwiała i cofnęła się o mały krok, ponownie stanęła, uśmiechnęła się, przytupnęła bosą stopą i powoli, ale z pewnością siebie, ponownie ruszyła do przodu. Promienie idące z medalionów stawały się coraz bardziej jaskrawe i łączyły się w jeden na Anastazji. Miałem wrażenie, że za moment spopielą jej ubranie. Ale Anastazja parła do przodu. Wyciągnęła dłonie przed siebie i, odbijając się od jej dłoni, zgasło kilka promieni, a potem cała reszta. Kosmici nadal stali bez ruchu. Anastazja podeszła do naczynia, położyła dłonie na jego ściankach, pogłaskała je palcami, coś do niego szepcząc. Płyn nagle zaczął się burzyć, a jego światło powoli gasnąć i niedługo po tym płyn stał się zwykłą niebieskawą substancją, podobną do zwykłej ziemskiej wody. Anastazja podeszła do stojącej przy ścianie, podobnej do lodówki maszyny. Przyłożyła do niej dłoń, coś szepnęła i posypały się na podniesiony skraj bluzki kwadratowe, kolorowe tabletki. Anastazja podeszła do nadal oniemiałych kosmitów i pierwszemu z brzegu podała do ust jedną z nich. Kosmita się poruszył, niby wyciągając rękę, ale się zatrzymał, wnikliwie patrząc na stojącego przed wszystkimi, jak przypuszczam, na przywódcę. Anastazja stała tak z wyciągniętą przed nim ręką około pół minuty. Następnie zbliżyła się do samego kierownika i jemu zaproponowała tabletkę. Przywódca po chwili wahania wziął tabletkę i zjadł. Anastazja obchodziła wszystkich obecnych po kolei i już bez problemu każdy przyjmował od niej pastylkę, zjadał ją bądź połykał. Później, idąc do mnie, zatrzymała się w pół drogi, odwróciła się do kosmitów i pomachała im ręką. Kilku z nich wstało ze swoich miejsc i również do niej pomachało. Kiedy do mnie wróciła, powiedziała zmęczonym głosem:

— Musimy wracać. Zażyli teraz tabletki przyspieszające myślenie. Niech spróbują sobie uświadomić to, co miało tutaj dzisiaj miejsce.

I wszystko się skończyło. Nadal leżałem w lesie na trawie jakby obudzony z głębokiego snu, jakby nie minęło wiele czasu, a ciało wydawało mi się wypoczęte jak po głębokim, zdrowym śnie. Ale głowa... Wewnątrz jakby się wszystko burzyło. Myśli płynęły jak gdyby w wielu kierunkach jednocześnie. Wszystkie obrazy, które zobaczyłem na innej planecie, w całości we mnie pozostały. Co to było? Sen? Hipnoza? A może wszystko naraz? Nie wiem. Nie mam pojęcia. W rzeczywiste obserwowanie na jawie innej planety, nie Ziemi, nie mogłem uwierzyć, więc w związku z tym spytałem siedzącą tuż obok Anastazję:

— Co to było? Sen? Hipnoza? Wszystko zapamiętałem i teraz... Jaki ja mam chaos w głowie.

— Władimirze, rozstrzygnij to sobie, jak uważasz — odparła. — Jaką siłą została przedstawiona tobie ta planeta? Jeśli nurtuje cię to pytanie, zgódź się z tym, że to był sen, nie ma to wielkiego znaczenia. Cały sens tkwi w sednie wniosków i uczuć spowodowanych tym, co zobaczyłeś. Zastanów się nad tym wszystkim, a ja na chwilę odejdę.

— Dobrze, idź, a ja sobie porozmyślam.

Zacząłem się zastanawiać nad tym, co zobaczyłem. Będąc sam, oczywiście doszedłem do wniosku, że to był tylko dziwny, hipnotyczny sen. Anastazja, zrobiwszy kilka kroków, nagle się odwróciła, wróciła do mnie, wyciągnęła coś z kieszeni bluzki i podała mi na otwartej dłoni. Na niej zobaczyłem leżącą... Na dłoni leżała ta dziwna kwadratowa tabletka, którą widziałem na innej planecie.

— Weź ją, Władimirze, bez obaw możesz ją zażyć. Produkowana jest z ziemskich ziół na planecie, na której byliśmy przed chwilą. Przez blisko piętnaście minut będzie pomagać w przyspieszeniu myśli i szybciej będziesz mógł wszystko zrozumieć.

Wziąłem z jej dłoni małą tabletkę i zjadłem, kiedy odeszła.

ZWRÓĆCIE SOBIE, LUDZIE, OJCZYZNĘ SWOJĄ!

Na samym początku rozmowa z Anastazją o Ojczyźnie była dla mnie nie za bardzo jasna. Jej sądy wydawały mi się nawet czasami nienormalne, ale później... I dziś przypominam sobie o nich znienacka. Pamiętam, jak na pytanie, co robić, aby nie było ani międzyplanetarnych, ani ziemskich wojen, bandytów, i aby dzieci rodziły się wszystkie zdrowe i szczęśliwe, odparła:

— Wszystkim ludziom należy powiedzieć, Władimirze: „Zwróćcie sobie, ludzie, Ojczyznę swoją!".

— Zwróćcie sobie Ojczyznę? Chyba się pomyliłaś, Anastazjo, Ojczyznę mają przecież wszyscy, tylko nie każdy w niej żyje. Nie Ojczyznę trzeba zwrócić, ale samemu wrócić do Ojczyzny, to chciałaś powiedzieć?

— Nie pomyliłam się, Władimirze, Ojczyzny nie ma większość ludzi żyjących dzisiaj na ziemi.

— Jak to nie ma! Dla Rosjan Rosja jest Ojczyzną, dla Anglików Anglią. Wszyscy się gdzieś urodzili, więc dla każdego Ojczyzną jest kraj, w którym się urodził.

— Uważasz, że swoją Ojczyznę należy mierzyć wytyczoną przez kogoś granicą?

— A czym jeszcze? Tak już zostało przyjęte, każde państwo ma swoje granice.

— Ale gdyby nie było granic, to czym mógłbyś swoją Ojczyznę wyznaczyć?

— Tym miejscem, gdzie się urodziłem, miastem lub wioską, a może wtedy cała ziemia byłaby dla wszystkich Ojczyzną.

— Mogłaby być cała ziemia Ojczyzną dla każdego na niej żyjącego i cały wszechświat mógłby rozpieszczać człowieka, ale do tego powinno się połączyć wszystkie poziomy bytu w jeden niezbędny punkt. I ten punkt nazwać swoją Ojczyzną, stworzyć w nim sobą przestrzeń miłości. Wszystko, co jest najlepsze we wszechświecie, będzie miało z nią kontakt, z przestrzenią swojej Ojczyzny. Poprzez ten punkt będziesz cały wszechświat sobą odczuwać. Niepokonaną posiadać siłę. Inne światy też będą to wiedzieć. I będzie tobie wszystko służyć, tak jak tego pragnął nasz Bóg Stwórca.

— Mów jakoś prościej, bo niczego nie zrozumiałem. O poziomach bytu, jak je połączyć, o tym punkcie, który mogę nazwać swoją Ojczyzną.

— W takim razie trzeba naszą rozmowę zacząć od momentu narodzenia.

— Niech będzie od narodzenia, tylko nie mów ogólnie, ale przywiązując wagę do dnia dzisiejszego. No, na przykład: jak widzisz, jak sobie wyobrażasz powstanie rodziny, rodzenie i wychowywanie dzieci w dzisiejszych warunkach? I żeby wszystkie dzieci rodziły się szczęśliwe. Czy możesz zbudować właśnie taki schemat lub namalować obraz?

— Mogę.

— No, to mów, tylko nie o życiu w lesie ani nauce obrazowości, bo nikt o niej nie wie prócz ciebie... — nie mogłem dokończyć zdania. W głowie jakby nie jedno, ale wiele pytań pędziło wzburzonym potokiem. A najważniejsze z nich: dlaczego mnie zainteresowało, co ma mi do powiedzenia o naszym życiu tajgowa pustelnica? Skąd zna nie tylko zewnętrzne cechy naszego życia, ale i wewnętrzne przeżycia wielu ludzi? Jakie są możliwości w tej niezrozumiałej nauce obrazowości? Nie mogłem usiedzieć. Wstałem, zacząłem chodzić tam i z powrotem. Żeby się uspokoić i uświadomić sobie tę niewiarygodność, zrozumieć ją, zacząłem rozprawiać: „Tu, pod cedrem, siedzi spokojna młoda kobieta. To bez pośpiechu muśnie trawę, to wnikliwie popatrzy na mrówkę pełzającą po ręce, to znów zamyśli się na chwilę. Siedzi w tajdze z dala od burzliwego życia miast i państw, od wojen i wszelkich precedensów cywilizowanego świata. A jeśli ona doskonale zna naukę obrazowości i jeśli z jej pomocą może wpływać na ludzi, to co wtedy? A jeśli okaże silniejszy wpływ na społeczeństwo niż rządy, parlamenty, wiele różnych religii? Niewiarygodne, fantastyczne, ale... Istnieją realne, konkretne fakty świadczące o tym. Niesamowite fakty! Jednak istnieją w rzeczywistości. Nauczyła mnie w krótkim czasie pisać książki. Potrzebowała na to tylko trzech dni. To ona sypie i sypie nieprzerwanym potokiem informacji. Nie do wiary, ale to jest fakt. Książki bez żadnej reklamy. Przekraczają granice państw. W nich jest jej obraz. Nie wiadomo, jak ten obraz działa na ludzi, wywołując w nich poryw twórczy. Tysiące poetyckich wersów, setki pieśni bardów jest poświęconych jej obrazowi. I ona o tym doskonale wiedziała! Już w pierwszym tomie przytaczałem jej wypowiedzi o tym. Wtedy jeszcze niczego nie było. Wówczas jej słowa wydawały się nieprawdopodobną brednią, fantazją. Jednak wszystko złożyło się dokładnie tak, jak mówiła. I dzisiaj, kiedy to piszę, zdarzyło się coś jeszcze bardziej nieprawdopodobnego. W lipcu został wydany zbiór listów i wierszy czytelników, zawierający pięćset stron. Zbiór wydany w lipcu, miesiącu uważanym przez handlarzy za martwy sezon. Zdarzyło się coś bardzo zaskakującego: piętnastotysięczny nakład został wykupiony w niecały miesiąc. Wydano następne piętnaście tysięcy, ale one również od razu się rozeszły. To zdarzenie nie jest aż tak widowiskowe, jak sensacje podawane nam przez media, ono w ogóle przekracza ramy wyobrażeń o sensacji niezwykłością stojących za nim wywodów. Ciężko w nie uwierzyć. Trudno uwierzyć również w to, że obraz Anastazji zmienia świadomość społeczeństwa. Czytelnicy odczuwają potrzebę działania. Ludzie w Rosji i poza jej granicami z własnej inicjatywy organizują kluby czytelników i centra i nazywają je jej imieniem. Zakład farmaceutyczny w Nowosybirsku produkuje olej cedrowy, o którym opowiadała Anastazja. Mieszkańcy małej wioski pod Nowosybirskiem odnawiają swe urządzenia, starając się otrzymać uzdrawiający olej zgodnie z jej technologią. To Anastazja zapowiadała, że odrodzą się syberyjskie wioski i dzieci powrócą do rodziców. Przekierowuje rzeki pielgrzymów od zamorskich świętych miejsc ku rodzimym. Przez ostatnie dwa lata dolmeny odwiedziło aż ponad pięćdziesiąt tysięcy jej czytelników. Dookoła zapomnianych niegdyś świętych miejsc dziś sadzi się kwiaty i krzewy. W różnych miastach sadzi się cedry i inne rośliny według jej metody. Mówią o niej nawet naukowcy. To jej obraz jako żywa, samowpływająca substancja płynie już nad Rosją, a może nie tylko nad nią? Jej obraz zaczyna gdzieś prowadzić ludzi. Ale dokąd? Jaką siłą? Kto jej pomaga? Możliwe, że sama posiada jakąś niewiarygodną, nieznaną wcześniej siłę. Tylko dlaczego nadal pozostaje na swojej polance, nadal zajmuje się swoimi robaczkami? Dopóki mądrale rozprawiają, czy istnieje ona, czy nie, ona po prostu działa. Przejawy jej czynów można zobaczyć, dotknąć ich, posmakować. Czym jest ta nauka obrazowości?". Te myśli wtedy w tajdze trochę napawały mnie lękiem. Chciałem jak najszybciej albo je sprostować, albo się w nich utwierdzić. Jednak obok jest jedynie ona i tylko ją można zapytać. Zaraz zapytam... Nie jest zdolna do kłamstwa... Zaraz zapytam...

— Anastazjo, powiedz... czy poznałaś naukę obrazowości do perfekcji? Czy posiadasz wiedzę tych starożytnych kapłanów? — ze

wzruszeniem czekałem na odpowiedź i usłyszałem spokojny, zrówno-
ważony głos:

— Wiem to, co mój praojciec wykładał kapłanom i to, czego powiedzieć
ojcu nie dali, i sama również dążyłam, aby poznać i poczuć coś nowego.

— Teraz zrozumiałem! Czułem to! Naukę obrazowości najlepiej ze
wszystkich poznałaś ty! I ty pojawiłaś się ludziom, sama stwarzając
swój obraz. Dla większości jesteś Boginią, dobrą leśną czarodziejką
i mesjanką. Tak w listach opisują cię czytelnicy. Wmawiałaś mi, że py-
cha i egoizm to największy grzech, że szczerze powinienem wszystko
opisywać. I stoję teraz przed wszystkimi jak niedorozwinięty, a ty sama
wyżej od wszystkich się wzniosłaś i że tak się stanie, sama zawczasu
wiedziałaś.

— Nic przed tobą nie ukrywałam, Władimirze.

Anastazja podniosła się z trawy, stanęła naprzeciwko mnie. Ręce
opuszczone, patrzy mi w oczy i mówi dalej:

— Tylko na razie mój obraz nie dla każdego jest zrozumiały, ale ten
inny obraz, kiedy stanie przed ludźmi, też będzie mój, będzie podobny
do obrazu sprzątaczki, która z tego, co najważniejsze, tylko pajęczynę
omiata.

— Jaką pajęczynę? Powiedz jaśniej, Anastazjo, co jeszcze chcesz
uczynić?

— Przed ludźmi pragnę obraz Boga ożywić. Jego wielkie marzenie
uczynić zrozumiałym dla każdego. Jego dążenie do tego, by każdy żyjący
mógł miłość odczuwać. I dzisiaj już, w tym życiu, człowiek może się stać
szczęśliwy. Wszystkie dzieci dziś żyjących ludzi będą żyły w Jego raju.
Nie jestem sama. Ty nie jesteś sam jeden. I raj powstanie wspólnym
stworzeniem.

— Powoli, powoli, teraz zaczynam rozumieć, twoje słowa zburzą
wiele teorii naukowych, których autorzy i naśladowcy nie tylko na ciebie
się rzucą, ale i mnie sponiewierają. I na co mi te problemy? Nie będę pisał
wszystkiego, co mówisz o Bogu.

— Władimirze, przestraszyłeś się tylko przyszłej walki.

— Wszystko jasne. Ruszą wszyscy, ci, którzy stoją na czele religij-
nych kierunków, będą na mnie napuszczać swoich fanatyków.

— Nie ich, nie ich — siebie się boisz, Władimirze. Wstydzisz się sam stawić przed Bogiem. Nie wierzysz w nowy obraz swojego życia. Uważasz, że nie jesteś w stanie się zmienić.

— Przecież ci tłumaczę, nie o mnie chodzi. Mówię ci o kapłanach rozmaitych wyznań, i tak już większość z nich reaguje na twoje słowa.

— No, i cóż takiego mówią?

— Różnie. Niektórzy wyrażają się niedobrze, inni wręcz odwrotnie. Jeden prawosławny kapłan z Ukrainy przyjeżdżał nawet do mnie razem ze swoimi parafianami, aby podtrzymywać twoje słowa. Ale on jest kapłanem tylko na wiosce.

— No, i co z tego, że kapłan był z wioski?

— A to, że istnieją jeszcze inni wysoko postawieni. To właśnie im wszyscy się podporządkowują i od nich wszystko zależy.

— Ale przecież ci wysoko postawieni, jak o nich mówisz, też kiedyś służyli w małych parafiach.

— Nieważne, tak czy inaczej, pisać o tym nie będę, dopóki jeden z przywódców duchowieństwa wielkiej świątyni... Co ja ci zresztą tłumaczę, przecież sama możesz to wiedzieć wcześniej. To i powiedz, kto będzie ci się przeciwstawiał, a kto ci pomoże? I czy w ogóle znajdzie się ktoś, kto stanie po twojej stronie?

— Jakiejże rangi kapłan będzie mógł ciebie przekonać, dodać ci odwagi, Władimirze?

— Nie niżej niż biskup lub proboszcz, czy możesz mi kogoś polecić?

Tylko chwilkę się zastanawiała, jakby wpatrując się w nas i przestrzeń jednocześnie. Zabrzmiała niewiarygodna odpowiedź.

— Już pomógł, mówiąc nowe słowo o Bogu, rzymski papież Jan Paweł II — odpowiedziała Anastazja. — Obrazy Chrystusa i Mahometa połączą przestrzenie swojej energii. W jedność zleją się z nimi inne obrazy. Jeszcze odnajdzie się patriarcha prawosławny i przez wieki będzie szanowane jego słowo. Ale najważniejsze ze wszystkiego są porywy natchnienia prostych na pozór ludzi. Dla ciebie jest ważny ziemski statut, ale przecież najważniejsza ze wszystkiego na świecie jest prawda.

Anastazja zamilkła, opuszczając powieki, jakby coś niespodziewanie ją uraziło. Jakby serce stanęło w gardle, a ona je połknęła i westchnęła. Potem dodała:

— Wybacz, jeżeli wyrażam się niezrozumiale dla twej duszy. Na razie jeszcze mi to nie wychodzi, ale postaram się być bardziej zrozumiała, tylko błagam, opowiedz o tym ludziom...

— O czym?

— O tym, co stara się zasłaniać przed nimi przez tysiąclecia, o tym, że każdy w jednej chwili może wejść do pierwotnego ogrodu stwórcy i razem z nim wspólnie czynić wspaniałe stworzenie.

Czułem, jak narasta w niej napięcie. Sam też zacząłem się niepokoić i powiedziałem:

— Nie przejmuj się, Anastazjo, mów, a być może uda mi się to pojąć i opisać.

W tym, co później zaczęła mówić, tkwiła sama rzeczowość i genialna prostota. Analizując potem i wspominając jej słowa, zacząłem rozumieć, jaki jest ten być może niemały sens w jej słowach: „Zwróćcie sobie, ludzie, Ojczyznę swoją", ale tam, w lesie, powtórnie zapytałem:

— Zrozumiałem, jak wszystko ma się odbywać. Zrozumiałem, że jeżeli ty z łatwością jesteś zdolna odradzać obrazy życia dalekich tysiącleci, to znaczy, że są ci znane wszystkie nauki, traktaty i ty odtworzysz je ludziom.

— Znam te nauki, które w ludziach wywoływały bezmyślne uwielbienie.

— Wszystkie?

— Tak, wszystkie.

— I wiedzę tę możesz przetłumaczyć w całości?

— Mogę, tylko po co nadaremno tracić czas?

— To nie chcesz, żeby społeczeństwo poznało nauki starożytności? Opowiesz mi o nich, a ja opiszę je w książce.

— A potem co, co stanie się w rezultacie z ludźmi, jak uważasz?

— Jak to co? Zmądrzeją.

— Władimirze, cała pułapka ciemnych sił polega na tym właśnie, żeby wielkością nauk ukryć przed człowiekiem to, co najważniejsze.

Część prawdy tylko dla umysłu jest dana w traktatach, a od najważniejszego starannie one odwodzą.

— To dlaczego tych, którzy dają nam te nauki, ludzie nazywają mędrcami?

— Jeżeli pozwolisz, Władimirze, opowiem ci pewną baśń. Tę baśń, którą jeszcze tysiąc lat wstecz w zacisznych miejscach szeptem przekazywali sobie mędrcy. Przez wiele wieków nikt o niej nie słyszał.

— Opowiedz, jeżeli uważasz, że baśń może coś rozjaśnić.

DWÓCH BRACI
(baśń)

Kiedyś żyło pewne małżeństwo. Długo nie mieli dzieci. W starszym już wieku żona urodziła dwóch synów, bliźniaków, dwóch braci. Poród był ciężki i kobieta, urodziwszy swych synów, zeszła z tego świata.

Ojciec wynajął mamkę, starał się odchować swe dzieci i udało mu się. Do czternastu lat troszczył się o nie. Jednak sam umarł, kiedy nadeszła im piętnasta wiosna. Pochowawszy ojca, dwóch braci siedziało w żałobie w izbie. Dwóch braci bliźniaków, tylko trzy minuty dzieliły ich przyjście na świat i dlatego jeden z nich uważał się za starszego, a drugi za młodszego. Żałobne milczenie przerwał starszy z nich:

— Ojciec nasz, umierając, wyjawił nam swoje zmartwienie, że mądrości życia nie zdążył nam przekazać. Jak będziemy żyli bez mądrości, mój młodszy bracie? Nieszczęśliwy ród bez mądrości będzie się przedłużał. Pośmiać się mogą z nas ci, którzy zdążyli przejąć mądrość od swych ojców.

— Nie martw się — młodszy rzekł do starszego — często bywasz w zamyśleniu i być może czas rozstrzygnie, że w zamyśleniu mądrość poznasz. Będę robił wszystko, co mi każesz. Mogę żyć bez zamyślenia, a i tak życie jest dla mnie bardzo przyjemne. Jest mi wesoło, kiedy dzień się budzi oraz przy zachodzie słońca. Będę po prostu żyć, pracując w gospodarstwie, a ty będziesz poznawać mądrość.

— Zgoda — starszy młodszemu odrzekł — tylko nie można, pozostając w domu, odnaleźć mądrości. Tu jej nie ma. Nikt tu jej nie zostawił. I nikt sam do nas jej nie przyniesie. Ale ja już zdecydowałem, jestem starszym bratem i sam powinienem dla nas obu i dla naszego rodu, który będzie przez wieki przedłużany, całą mądrość istniejącą na ziemi odnaleźć. Odnaleźć i przynieść do naszego domu i podarować potomkom naszego rodu i nam. Wszystko, co najbardziej wartościowe po ojcu, zabiorę ze sobą. Obejdę cały świat, wszystkich mędrców z różnych państw, poznam wszystkie ich nauki i wrócę do rodzinnego domu.

— Twoja droga będzie bardzo długa — ze współczuciem powiedział młodszy brat. — Mamy konia, bierz go, a na wóz naładujemy jak najwięcej naszych dóbr, żebyś jak najmniej w drodze biedował. Sam zostanę w domu i będę czekał na ciebie mędrszego.

Bracia rozstali się na długo. Leciały lata. Od mędrca do mędrca chodził, od świątyni do świątyni, poznał nauki wschodu i zachodu, północy i południa. Miał wspaniałą pamięć, bystry umysł i wszystko chwytał w lot, łatwo zapamiętując.

Lat sześćdziesiąt starszy brat chodził po świecie. Jego broda i włosy stały się całkiem siwe. Ale dociekliwy umysł nadal wędrował, doświadczając mądrości. Zaczął się uważać za najmądrzejszego z ludzi ten siwy wędrowiec. W ślad za nim podążała rzesza uczniów. Głosił on szczodrze swą mądrość umysłom ciekawym. Wczuwali się w nią w zachwycie i młodzi, i starzy. Uprzedzając go, szła o nim wielka sława, ogłaszając wszelkim osadom po drodze wielkie nadejście mędrca. W aureoli sławy, otoczony tłumem wielbiących go uczniów do domu, gdzie został urodzony, gdzie nie był sześćdziesiąt lat, z którego wyszedł jako piętnastoletni młodzieniec, coraz bardziej zbliżał się siwy mędrzec. Wszyscy ludzie z wioski wyszli mu naprzeciw, aby go powitać. I młodszy brat z podobną siwizną wyskoczył mu szczęśliwy naprzeciw i głowę ukłonił przed bratem mędrcem. Szeptał w radosnym podziwie:

— Błogosław mnie, mój bracie mędrcze. Wejdź do domu naszego, obmyję twe nogi po długiej wędrówce. Wejdź do naszego domu i odpocznij.

Królewskim gestem rozkazał swoim uczniom pozostać na pagórku, przyjąć dary od witających i prowadzić z nimi mądre dysputy, a sam wszedł do domu za młodszym bratem. Usiadł przy stole w przestronnej izbie zmęczony wielki i siwy mędrzec. Młodszy brat zaczął obmywać mu stopy ciepłą wodą i słuchać słów brata mędrca. A mędrzec mówił mu:

— Spełniłem swój obowiązek. Poznałem nauki wielkich mędrców i własną stworzyłem. Niedługo tutaj zabawię. Teraz innych nauczać jest moim zadaniem. Ale w związku z tym, że obiecałem ci mądrość do domu przynieść, spełnię obietnicę i dzień u ciebie zagoszczę. W tym czasie najmądrzejsze prawdy tobie, mój młodszy bracie, przekażę. Oto pierwsza: wszyscy ludzie powinni żyć we wspaniałym ogrodzie.

Wycierając nogi czystym, ręcznie haftowanym, pięknym ręcznikiem, młodszy brat zabiegał, aby dogodzić starszemu, i powtarzał:

— Spróbuj, na stole przed tobą leżą płody naszego ogrodu, sam je dla ciebie najlepsze wybrałem.

Płody przeróżne i wspaniałe smakował mędrzec w zamyśleniu i kontynuował:

— Należy, aby każdy żyjący na ziemi człowiek sam zasadził i wyhodował swoje rodowe drzewo. Kiedy umrze, drzewo zostanie dobrą po nim pamiątką dla jego potomków i również im będzie oczyszczało powietrze, każdy z nas powinien oddychać dobrym powietrzem.

Młodszy brat pospiesznie się zakrzątął i powiedział:

— Wybacz mi, mądry bracie, zapomniałem otworzyć okno, żebyś pooddychał świeżym powietrzem — odsłonił firankę, otworzył okno na oścież i znowu rzekł: — Proszę, pooddychaj powietrzem od dwóch cedrów. Wsadziłem je tego samego roku, kiedy odszedłeś. Jeden dołek do sadzonki wykopałem swoją łopatką, a drugi dołeczek — twoją, którą bawiłeś się w dzieciństwie.

Mędrzec zamyślony wpatrywał się w drzewa, a później powiedział:

— Miłość jest wielkim uczuciem, nie każdemu jest dane przeżyć życie w miłości. I mądrość jest wielka — ku miłości każdego dnia każdy powinien dążyć.

— O, jakże ty mądry jesteś, mój starszy bracie! — wykrzyknął młodszy. — Wielkie poznałeś mądrości i gubię się przed tobą, wybacz, nawet nie przedstawiłem cię mojej żonie — i krzyknął w kierunku drzwi: — Staruszko, gdzie ty jesteś, moja kuchareczko!

— Przecież jestem tutaj — ukazała się w drzwiach wesoła staruszka, niosąca na tacy parujące placki. — Zamarudziłam z plackami — rzekła i postawiła je na stół. Kokieteryjnie dygnęła przed braćmi, blisko podeszła do młodszego, swojego małżonka, i powiedziała półszeptem, ale usłyszał brat starszy:

— Mężu, wybacz mi, ale teraz odejdę, powinnam się położyć.

— Coś ty, niemądra, nagle na odpoczynek ci się zebrało. Mamy drogiego gościa, mojego rodzonego brata, a ty...

— Nie ja, kręci mi się w głowie, a do tego trochę mnie mdli.

— Co mogło się stać mojej zabieganej żoneczce?

— Być może sam jesteś przyczyną, przypuszczam, że znów się dziecko u nas urodzi — uciekając, powiedziała z uśmiechem staruszka.

— Wybacz mi, bracie — winił się młodszy przed starszym — nie zna ceny mądrości, zawsze była wesoła i na starość też wesołkiem pozostała.

Mędrzec nadal tkwił w zamyśleniu. Jego zamyślenie przerwał szum dziecięcych głosów. Usłyszał je mędrzec i rzekł:

— Wielkiej mądrości powinien doświadczyć każdy człowiek. Jak wychowywać dzieci, by były szczęśliwe i sprawiedliwe we wszystkim.

— Opowiedz, mądry bracie, pragnę uczynić szczęśliwymi moje dzieci i wnuki. Patrz, weszły tutaj moje hałaśliwe wnuczęta.

Dwóch chłopczyków nie starszych niż sześć lat i dziewczynka prawie czteroletnia stali w drzwiach i sprzeczali się ze sobą. Starając się uciszyć maluchy, młodszy brat pospiesznie powiedział:

— Szybko mówcie mi, co się tam u was stało, hałaśnicy, i nie przeszkadzajcie nam w biesiadzie.

— Oj! — wykrzyknął mniejszy chłopiec. — Dwóch dziadków z jednego się zrobiło. Gdzie nasz, a gdzie nie nasz? Jak to rozstrzygnąć?

— Przecież tu nasz dziadulek siedzi, nie widzicie? — maleńka dziewczynka podbiegła do młodszego z braci, przytuliła się policzkiem do nogi, szarpnęła go za brodę i zaszczebiotała: — Dziadulek, dziadulek, spieszyłam do ciebie sama, aby pokazać, jak nauczyłam się tańczyć, a oni się do mnie przyczepili. Jeden chce z tobą rysować, widzisz, przyniósł kredę i drewnianą tabliczkę, a drugi niesie flet i dudę, chce, żebyś mu na nich pograł. Dziadulku, dziadulku, a przecież ja pierwsza do ciebie zamierzałam pójść. Powiedz im, tak właśnie im powiedz. Odpraw ich stąd, dziadulku!

— Wcale nie, szedłem pierwszy, żeby porysować, a mój brat dopiero później zdecydował się pójść, żeby pograć na flecie — wtrącił wnuk z drewnianą tabliczką.

— Jest was dwóch dziadków, rozstrzygnijcie więc — szczebiotała wnuczka — które z nas szło pierwsze. Tak to zróbcie, żeby wyszło, że to ja byłam pierwsza, bo jak nie, to się rozpłaczę.

Z uśmiechem i smutkiem patrzył na wnuczęta mędrzec. Przygotowując mądrą odpowiedź, zmarszczył czoło, ale nic nie odpowiedział. Zakłopotał się młodszy brat i, nie pozwalając przedłużyć się powstałej pauzie, prędko wziął flet z dziecięcych rąk i, nie zastanawiając się, rzekł:

— W ogóle nie ma powodu do waszego sporu. Tańcz, moja piękności i żywe srebro, a ja podegram twojemu tańcowi na flecie. Na dudzie pomoże mi grać mój mały muzyk, a ty, malarzu, narysuj, co dźwięki muzyki naszkicują i jak balerina swój taniec wykonuje, też namaluj. Teraz szybko wszyscy razem do dzieła. — Młodszy brat wspaniałą i radosną melodię wydobył z fletu. Przejęte wnuki mu wtórowały, każde wykonując to, co najbardziej lubi. Na dudzie starał się nie spóźniać w melodii wielki, w przyszłości znany muzyk. Jak baletnica skakała cała rozpromieniona maleńka, przedstawiając swój taniec. Przyszły malarz w radości malował swój obraz. Mędrzec milczał. Uświadomił sobie... Kiedy zabawa się skończyła, podniósł się:

— Pamiętasz, mój młodszy bracie, stary ojca klin i młotek? Daj mi je, chcę swój główny wykład w kamieniu wyciosać. Teraz odejdę i chyba już nie wrócę, nie zatrzymuj mnie i nie czekaj — odszedł starszy brat. Siwy mędrzec podszedł ze swoimi uczniami do kamienia, który omijała ścieżka. Ścieżka nawołująca wędrowców do mądrości daleko od swego domu. Dzień przeminął, nastawała noc. Siwy mędrzec pukał, dłubał w kamieniu napis. Kiedy ukończył osłabiony siwy starzec, uczniowie jego przeczytali na kamieniu taki napis:

„Czego szukasz, wędrowcze — wszystko w sobie niesiesz, więc nie znajdując nowego, tracisz z każdym krokiem".

Anastazja zamilkła, opowiedziawszy baśń, i pytająco popatrzyła mi w oczy: co zrozumiałem z tej baśni? Chyba sobie myśli.

— Zrozumiałem z tej baśni, Anastazjo, że wszystkie mądrości, o których opowiadał starszy brat, młodszy we własnym życiu czynił. Jednak nie bardzo rozumiem, kto nauczył młodszego brata tych wszystkich mądrości.

— Nikt, wszystkie mądrości wszechświata istnieją w każdej ludzkiej duszy od momentu stworzenia. Tylko mędrcy sprytnie sobie na korzyść mędrkują i w ten sposób oddalają dusze od najważniejszego.

— Od najważniejszego? Tylko co jest najważniejsze?

JUŻ DZIŚ KAŻDY MOŻE BUDOWAĆ DOM

— Najistotniejsze jest to, Władimirze, że już od dziś każdy może budować dom. Sobą odczuwać Boga i żyć w Raju. Tylko jedno mgnienie oddziela od raju żyjących dzisiaj na ziemi ludzi. Świadomość istnieje wewnątrz każdego. Kiedy nie przeszkadzają świadomości postulaty... wtedy, Władimirze, popatrz... — Anastazja nagle się rozweseliła, chwyciła mnie za rękę i poprowadziła na brzeg jeziora, gdzie ziemia była naga, tłumacząc w biegu:

— Zaraz, zaraz wszystko zrozumiesz. Zrozumiesz ty oraz wszyscy ludzie zaraz zrozumieją, czytelnicy moi i twoi sobą sedno ziemi określą. Uświadomią sobie swoje przeznaczenie, zaraz, Władimirze, zaraz w myślach będziemy budować dom! I ty, i ja, i wszyscy. I uwierz mi, zapewniam cię, że myśl każdego zetknie się z myślą Boga. I otworzą się drzwi do raju. Idźmy, idźmy szybciej. Narysuję tobie kijkiem na brzegu... Razem zbudujemy dom z tymi, którzy zetkną się w przyszłości z napisanymi przez ciebie wersami. W jedność zleje się ludzka myśl. Ludzie mają zdolność Boga, aby urzeczywistniać swoje pomysły. I niejeden dom stanie na ziemi. W tych domach każdy będzie mógł wszystko zrozumieć. Sam będzie mógł odczuwać i rozumieć dążenie Boskiego marzenia. Będziemy budować dom! Oni i ja, i ty!

— Poczekaj, Anastazjo. Istnieje wiele rozmaitych projektów domów zamieszkiwanych przez współczesnych ludzi. To jaki sens jest w tym, że zaproponujesz kolejny?

— Władimirze, ty nie tylko mnie słuchaj, ale poczuj wszystko to, co narysuję, i w myślach sam dokończ ten projekt, i niech każdy go ze mną maluje. O, Boże! Ludzie, chociaż spróbujcie, błagam!

W jakimś radosnym uniesieniu Anastazja jakby płonęła, wołała do ludzi i tym budziła we mnie coraz większe zainteresowanie swoim projektem. Na początku wydawał mi się szalenie prosty, a jednocześnie powstawało uczucie, jakby pustelnica odkrywała przed wszystkimi niezwykłą tajemnicę. Cała tajemnica była zawarta w niezwykłej prostocie. Ale jeśli mówić po kolei, to wyglądało tak. Anastazja kontynuowała:

— Najpierw wybierz ze wszystkich dobrych miejsc na ziemi swoje, takie, które się tobie spodobało. Miejsce, w którym chciałbyś żyć i zapragnąłbyś, żeby twoje dzieci też tu swoje życie przeżyły. I zostaniesz w dobrej pamięci prawnuków. W tym miejscu klimat powinien być przychylny dla ciebie. W tym miejscu hektar ziemi weź dla siebie na wieki.

— Ale nikt nie może teraz wziąć ziemi na swoje życzenie. Ziemię sprzedaje się tam, gdzie chcą ją sprzedawać.

— No, niestety, tak wszystko się teraz odbywa. Taki obszerny jest twój kraj, a nie ma w nim nawet hektara twojej własnej ziemi, gdzie mógłbyś dla swoich dzieci, potomków własnoręcznie stworzyć rajski zakątek, jednakże czas rozpoczęcia budowy już nadszedł. Ze wszystkich istniejących przepisów można wykorzystać najbardziej odpowiednie.

— Nie znam oczywiście wszystkich przepisów, ale jestem pewien: nie ma żadnej ustawy zezwalającej na posiadanie przez każdego jakiejkolwiek ilości ziemi na wieki. Dają w dzierżawę farmerom nawet dużo hektarów, ale na nie dłużej niż dziewięćdziesiąt dziewięć lat.

— No, cóż, początkowo można wziąć na krótszy termin, ale pilnie należy przygotować odpowiednią ustawę, aby każdy posiadał ojczyznę i ziemię. Od tego zależy rozkwit państwa, a jeśli nie ma takiej ważnej ustawy, to trzeba ją stworzyć.

— Łatwiej powiedzieć, trudniej zrobić. Przepisy ustanawia sejm, dlatego trzeba wprowadzić poprawkę do konstytucji, albo nawet zmienić cały artykuł. A w sejmie partie spierają się ze sobą i nijak nie mogą podjąć decyzji o ziemi.

— Jeśli nie ma takiej mocnej partii, która mogłaby ustawowo zapewnić każdemu ojczyznę, to koniecznie trzeba ją stworzyć.

— A niby kto ma to zrobić?

— Ten, kto przeczyta o stworzonym domu i uświadomi sobie, co znaczy posiadać ojczyznę dla każdego żyjącego dziś człowieka i przyszłości całej ziemi.

— No, dobrze, z tymi partiami. Lepiej powiedz o swoim niezwykłym domu. Ciekawi mnie, co nowego możesz wnieść do projektu. Załóżmy, że ktoś otrzyma hektar ziemi. Nie rajski, ale jakiś tam porośnięty zielskiem, bo lepszego, podejrzewam, nie dadzą. Stoi więc na swoim hektarze i co dalej?

— Władimirze, no, pomyśl sam, pomarz też trochę. Co byś najpierw zrobił, gdybyś stanął na swojej ziemi?

PŁOT

— Najpierw... no, najpierw trzeba wszystko oczywiście ogrodzić płotem, bo kiedy zaczniesz zwozić materiały na budowę willi, mogą je porozkradać. Również jak coś wysiejesz, to później mogą kraść urodzaj. A może masz coś przeciwko ogrodzeniu?

— Nie mam nic przeciwko. Przecież nawet wszystkie zwierzęta znaczą swoje terytorium. Ale z czego chcesz zbudować ten płot?

— Jak to z czego? Z desek. Nie, poczekaj, z desek może być trochę za drogi. Na początek trzeba wkopać słupki i dookoła owinąć kolczastym drutem. A później na pewno już z desek, żeby nie było widać, co się dzieje za płotem.

— A ile lat może stać taki płot z desek bez remontu?

— Jeżeli drewno będzie odpowiednie, pomalowane albo pociągnięte oliwą, a słupki znajdujące się w ziemi będą dobrze osmolone, to z pięć lat wytrzyma na pewno, a może nawet dłużej.

— A potem?

— Potem trzeba będzie go podremontować i pomalować, aby nie zgnił.

— Wychodzi na to, że będziesz zmuszony stale opiekować się tym płotkiem, a twoim dzieciom i wnukom jeszcze więcej dostarczy kłopotu.

Nie byłoby lepiej tak to wszystko urządzić, żeby i dzieciom nie sprawiać kłopotu, i nie martwić ich wzroku gnijącym ogrodzeniem? Pomyślmy dalej, jak zrobić trwalszy i długowieczny płot, aby twoi potomkowie mogli cię wspominać dobrym słowem?

— No, właśnie, można zrobić trwalszy. Kto by tego nie chciał? Na przykład można zbudować słupy z cegieł oraz ceglany fundament, a pomiędzy słupami zrobić żeliwne kraty, one nie rdzewieją. Taki płot może wytrzymać nawet sto lat. Ale stać na niego tylko najbogatszych. Wyobraź sobie hektar ziemi, przecież to jest czterysta metrów obwodu. Na taki płot niejeden tysiąc rubli pójdzie, a może nawet obrócić się w miliony. Ale za to będzie stał przez te sto, dwieście lat, albo nawet więcej. Kraty można upiększyć jakimiś rodowymi znakami. Potomkowie będą patrzeć i wspominać pradziada, a wszyscy naokoło będą im zazdrościć.

— Zazdrość nie jest dobrym uczuciem, na pewno zaszkodzi.

— No, nic już nie poradzisz, przecież mówię ci, że niewielu stać na ogrodzenie dobrym płotem hektara ziemi.

— Należy więc wymyślić inny płot.

— Jaki? Może sama coś zaproponować?

— Nie lepiej byłoby, Władimirze, zamiast wielu słupków, z czasem gnijących, wysadzić drzewa?

— Drzewa? I co, do nich potem przymocować...

— Po co przybijać? No, popatrz, w lesie rośnie wiele drzew i od półtora do dwóch metrów od siebie znajdują się ich pnie.

— Tak, tak rosną, ale pomiędzy nimi są dziury. Nie uczynią więc płotu.

— Ale pomiędzy nimi można wysadzić krzaki nie do przebycia. Popatrz dokładniej, wyobraź sobie, jaki to może być piękny płot. U każdego będzie on trochę inny i każdy będzie przyjemny dla wzroku, a potomkowie przez wieki będą wspominać twórcę tego wspaniałego płotu, który na remont też nie będzie zabierał im czasu i będzie dla nich jak najbardziej korzystny. Nie tylko ogrodzenie będzie jego funkcją. U jednego będzie płot z brzózek rosnących rządkiem, u drugiego z dębu, a ktoś inny jeszcze w twórczym porywie zrobi swój płot kolorowy jak w bajce.

— Jak to: kolorowy?

— Posadzi różnokolorowe drzewa. Brzózki, klon, dąb i cedr. Wplecie jarzębinę z gronami płonącymi czerwienią, a jeszcze pomiędzy wsadzi kalinę i znajdzie miejsce dla bzu i forsycji. Przecież wszystko można przemyśleć od początku. Każdy powinien poobserwować, co rośnie na pagórku, jak kwitnie wiosną, jak pachnie i jakie ptaki do siebie zaprasza. Twój płot będzie śpiewający, błogo pachnący i nigdy nie zmęczy twego wzroku, z każdym następnym dniem zmieniając odcienie swoich obrazów. To wiosennym kwieciem się obleje, to jesiennym kolorem zapłonie.

— Ależ, Anastazjo, jesteś jak poetka. Zwykły płot, a tak pięknie wszystko przedstawiłaś. Wiesz, bardzo mi się spodobało takie podejście. Jak ludzie mogli wcześniej nie wpaść na coś takiego? Malować go nie trzeba ani remontować. A kiedy drzewa wyrosną już duże, można je wykorzystać na opał, a w zamian wysadzić nowe, zmieniając obraz, jakby rysując, tylko bardzo długo trzeba będzie sadzić taki płot. Jeśli co dwa metry wsadzić drzewo, to trzeba wykopać dwieście dołków dla sadzonek, a jeszcze krzewnik trzeba pomiędzy nimi wysadzić. A technika? Oczywiście uznasz, że nie można się nią posiłkować.

— Wręcz odwrotnie, Władimirze. Przy realizacji tego projektu nie ma sensu jej odrzucać. I wszystko, co jest przejawem ciemnych sił, należy skierować ku jasnym. Żeby jak najszybciej wprowadzić w życie wymyślony projekt, można przejechać pługiem po obwodzie działki i posadzić sadzonki. Jednocześnie wysadzić sadzonki i nasiona krzewów, które zdecydujesz się umieścić pomiędzy drzewami. A następnie ponownie przejechać obok pługiem i zawalić ziemią. Kiedy ziemia będzie jeszcze nie ubita, poprawić i wyrównać w niej każdą sadzonkę.

— Świetnie, przecież tak przez dwa lub trzy dni samemu można taki płot wznieść.

— Słusznie.

— Szkoda tylko, że taki płot, zanim wyrośnie, nie będzie przegrodą dla złodziei. Będziemy musieli długo czekać, zanim wyrośnie. Dąb, cedr rosną przecież bardzo wolno.

— Ale bardzo szybko rosną brzoza i osika, pomiędzy nimi bardzo szybko wyrośnie krzewnik. Jeżeli ci się spieszy, sadzonki drzew można wsadzić już dwumetrowe. Kiedy brzózka wyrośnie i będzie można ją ściąć na potrzeby gospodarstwa, to dorastające cedr i dąb już ją zastąpią.

— No, dobrze, można się zastanowić nad tym żywym płotem, idea bardzo mi się spodobała. A teraz powiedz mi, jak wyobrażasz sobie konstrukcję willi na działce?

— A może najpierw zaplanujemy działkę, Władimirze?

— Co masz na myśli? Grządki dla pomidorów, ogórków i ziemniaków? Przecież tym zajmują się przeważnie kobiety. Mężczyźni budują dom. Myślę, że od razu powinno się budować jeden wielki dom, szykowną willę w europejskim stylu, żeby potomkowie, wnuki dobrym słowem nas wspominali. Następny domek trochę mniejszy dla służby. Działka jest przecież duża i trzeba na niej pracować.

— Jeżeli, Władimirze, wszystko prawidłowo zostanie urządzone od początku, to pracownicy nie będą ci potrzebni. Z wielką przyjemnością i miłością wszystko z otoczenia tobie, twoim dzieciom i wnukom będzie służyło.

— Czy to możliwe, żeby u kogokolwiek było coś takiego, nawet u twoich ukochanych działkowiczów? Oni mają po pięć, maksymalnie sześć arów i w każdy weekend od rana do wieczora na nich pracują. A tu hektar. Przecież samych nawozów i obornika nie mniej niż dziesięć samochodów trzeba co roku na niego nawieźć. Kupy obornika trzeba po całej działce rozrzucić i przekopać, bo w przeciwnym razie nic dobrze nie urośnie. Trzeba jeszcze dodawać różnych nawozów sprzedawanych w workach w specjalistycznych sklepach. Jeżeli się nie nawiezie, ziemia stanie się nieurodzajna. Przecież wiedzą o tym agronomowie zajmujący się naukowo uprawą ziemi, i ogrodnicy przekonali się o tym we własnym doświadczeniu. Mam nadzieję, że zgodzisz się, iż ziemię należy nawozić.

— Oczywiście ziemię powinno się wzbogacać, ale niekoniecznie trzeba siebie przy tym trudzić. Bóg wszystko tak wcześniej pomyślał, żeby bez żadnego żmudnego wysiłku fizycznego ziemia była idealnie nawożona i doskonała tam, gdzie zapragniesz żyć. Powinieneś tylko zetknąć się z Jego myślą. Pełnię Jego systemu odczuwać, a nie decydować jedynie umysłem.

— To dlaczego dzisiaj nigdzie i niczego na ziemi nie nawozi się zgodnie z systemem Boga?

— Władimirze, znajdujesz się w tej chwili w tajdze, popatrz, jakie wokół wysokie są drzewa, a pnie ich potężne. Między drzewami rosną krzaki, trawa, maliny i porzeczki, w ogóle wiele rozmaitości rośnie tu dla człowieka. Przecież ludzie przez tysiące lat nigdy ziemi w tajdze nie nawozili. A ziemia ta nadal jest płodna. Jak myślisz, czym i przez kogo jest nawożona?

— Przez kogo?... Nie mam pojęcia, czym i przez kogo. Jednak twój argument faktycznie jest poważny. Jak to wszystko dziwnie z człowiekiem się dzieje. Powiedz, dlaczego w tajdze nie są potrzebne żadne nawozy?

— W tajdze myśl i system Boga nie są zakłócone w takim stopniu jak tam, gdzie mieszka człowiek dzisiaj. W tajdze z drzewa spadają liście, a małe gałązki zrywa wiatr i nawozi się ziemia w tajdze liściem, gałązką, robakiem. Także rosnąca trawa reguluje skład gleby. Krzaki nadmiar kwasu albo sodu pomagają jej neutralizować. I opadłego na ziemię liścia żaden znany tobie nawóz nigdy nie zastąpi. Przecież listek niesie ze sobą dużo energii kosmosu. Widział słońce, gwiazdy i księżyc, co więcej, nie tylko je widział, ale również współdziałał z nimi. Niech nawet przeminie wiele tysięcy lat, a tajgowa ziemia nadal pozostanie płodna.

— Przecież na działce, gdzie powstanie dom, nie ma tajgi.

— To zaplanuj! Sam wysadź las z różnych odmian drzew.

— Anastazjo, powiedz lepiej od razu, jak to zrobić, żeby gleba na działce była zawsze sama przez się nawożona. To jest duża sprawa, bo jeszcze mnóstwo dodatkowej pracy nas czeka. Wysianie grządek, walka z różnymi szkodnikami.

— Oczywiście można powiedzieć szczegółowo i dokładnie, jednak byłoby lepiej, aby każdy przywołał swoją myśl, duszę i marzenie do swojej budowy. Intuicyjnie każdy może odczuć, co dla niego będzie najbardziej korzystne oraz przyniesie radość jego dzieciom i wnukom. Nie może być szablonowego planowania. Jest ono bowiem indywidualne jak wielki obraz artysty malarza. Każdy ma własny plan.

— Powiedz mi chociaż w przybliżeniu, ogólnie.

— Dobrze — patrz, coś ci narysuję, ale najpierw zrozum najważniejsze. Wszystko stworzone jest przez Boga w imię dobra człowieka. Ty jesteś człowiekiem! Możesz kierować wszystkim, co cię otacza. Jesteś człowiekiem! Zdołaj zrozumieć, poczuć swoją duszą, w czym zawarty jest prawdziwy raj ziemski.

— A bardziej konkretnie, bez filozofii? Po prostu powiedz, co sadzić, gdzie wykopać, jakie odmiany jest korzystnie wysadzić, żeby potem można było sprzedać drożej?

— Władimirze, wiesz, dlaczego dzisiejsi rolnicy i farmerzy nie są szczęśliwi?

— No, dlaczego?

— Starają się otrzymać jak najwięcej plonów, a następnie je sprzedać... O pieniądzach myślą bardziej niż o ziemi. Sami nie wierzą w to, że mogą być szczęśliwi w swoim gnieździe rodzinnym, uważają, że są szczęśliwi tylko w miastach. Uwierz, Władimirze, że wszystko, co w duszy się odbywa, na pewno na zewnątrz się odbije. Oczywiście zewnętrzna konkretność też jest niezbędna, więc razem możemy sobie wyobrazić przybliżony plan działki. Ja tylko zacznę, a ty mi pomagaj.

— No, dobrze, pomogę, zaczynaj.

— Nasza działka znajduje się na pustkowiu, pustkowie to jest ogrodzone żywym płotem. A jeszcze trzy czwarte lub połowę zaplanujemy pod las, posadzimy w nim różne drzewa. Na skraju lasu, graniczącym z pozostałą ziemią, wysadzimy żywopłot z takich krzaków, żeby nie mogły przejść przez nie zwierzęta i deptać naszego wysianego ogrodu. W lesie z żywych sadzonek posadzonych blisko siebie wzniesiemy zagrodę, gdzie później będzie żyła jedna lub dwie kózki. A jeszcze wzniesiemy z sadzonek schronienie dla kurek niosek. W ogrodzie wykopiemy nieduży i niegłęboki staw, wielkości około dwustu metrów kwadratowych. Wśród leśnych drzew wysadzimy krzaki maliny, porzeczki, a na skraju lasu poziomkę. W lesie potem, jak już drzewa trochę podrosną, ustawimy ze trzy puste kłody dla pszczół wśród gałęzi. Również z drzew wysadzimy altankę, gdzie będziesz mógł obcować z przyjaciółmi albo z dziećmi, chroniąc się przed upałem. I letnią sypialnię żywą wzniesiemy, i pracownię, gdzie będziesz tworzyć. I jeszcze sypialnię dla dzieci i salon dla gości.

— Wspaniale! Nie las wtedy wyjdzie, ale zamek!

— Tylko zamek ten będzie żywy i stale rosnący. Właśnie taki był zamysł samego Stwórcy. A człowiek tylko powinien przypisać mu funkcje. Wszystkiemu zgodnie z gustem, zamysłem i własnym sensem.

— To dlaczego od razu Bóg tak wszystkiego nie urządził? W lesie wszystko rośnie, jak popadnie.

— Las to jakby książka dla ciebie, twórcy, przypatrz się dokładniej, Władimirze, wszystko jest w niej przez Ojca napisane. Spójrz, te trzy drzewa rosną tylko co pół metra, masz pełną swobodę: sadzić je w linii prostej lub składać w inne konfiguracje z wieloma do nich podobnymi. Pomiędzy drzewami rosną krzaki i pomyśl, jak je wykorzystać do umilenia sobie życia. A te drzewa nie pozwalają rosnąć ani krzewom, ani trawie pomiędzy sobą. I to właśnie można wziąć pod uwagę przy budowie swojego przyszłego żywego domu. Pozostanie ci tylko nadać wszystkiemu program i korygować go zgodnie z własnym gustem. Pielęgnować i miłować będzie ciebie i dzieci twoje wszystko, co naokoło na twej działce, karmić i troszczyć o ciebie się będzie.

— Żeby się wyżywić, trzeba wysiać ogród, a wiesz, jak z ogrodem, wyciśnie z ciebie siódme poty.

— Zrozum, ogród też można tak zorganizować, aby zbyt mocno się nie obciążać. W tym przypadku wystarczy się tylko trochę porozglądać. Pomiędzy trawami, tak jak w lesie, mogłyby rosnąć warzywa, najwspanialsze pomidory i ogórki. Smak ich będzie znacznie przyjemniejszy dla ciebie i przyniesie więcej korzyści dla organizmu, gdy dookoła ziemia nie będzie ogołocona.

— A zielska? Szkodniki? Robaki nie zniszczą wszystkiego?

— W przyrodzie nic nie jest bezużyteczne, niepotrzebne zielsko też nie istnieje, nie ma również owadów szkodzących człowiekowi.

— No, jak to nie ma! A szarańcza albo na przykład stonka, przecież ta wredota zjada ziemniaki na polach.

— Tak, zjada. Ale tym samym pokazuje ludziom, że ich niewiedza zakłóca samodzielność ziemi. Przeciwstawiają się boskim pomysłom twórcy. Jak można co roku w tym samym miejscu uporczywie orać dręczoną ziemię? Jakby nie zagojoną jeszcze ranę ciągle, nieustannie rozgrzebywać skalpelem, wymagając przy tym jeszcze, żeby błogość z tej rany wzrosła. Stonka czy szarańcza nie tkną działki, którą teraz planujemy. Kiedy wszystko wzrośnie w wielkiej harmonii, to również harmonijne płody będą dane hodowcy.

— To w końcu wychodzi na to, że na działce przez ciebie wymyślonej nie będzie trzeba nawozić ziemi, walczyć ze szkodnikami za pomocą trucizny, pielić grządek. Wszystko na niej będzie samo z siebie rosło. To co w końcu człowiekowi zostanie?

— Żyć w raju, jak Bóg tego chciał. I ten, kto będzie mógł taki raj zbudować, z myślą boską się zetknie i stworzenie nowe wspólnie z nim uczyni.

— Jakie nowe?

— Przyjdzie na nie kolej, kiedy uczynimy wszystko, co niezbędne. Pomyślmy nad tym, czego jeszcze nie zrobiliśmy.

DOM

— Jeszcze powinniśmy zbudować solidny dom, żeby dzieci i wnuki mogły w nim żyć, i to bez żadnych problemów. Dom z cegły, piętrową willę z toaletą, wanną i centralnym ogrzewaniem. Na dzień dzisiejszy jest to możliwe w każdym prywatnym domu. Byłem na targach i widziałem mnóstwo różnych urządzeń opracowanych dla wygody w prywatnych domach. A może teraz znowu powiesz, że nie powinno się wykorzystywać technicznego czary-mary?

— Wręcz odwrotnie, powinno się wykorzystywać. Jeśli masz możliwość skorzystać z tego, to wszystko trzeba zmusić, aby służyło twojemu dobru. Poza tym niezbędne jest płynne przejście w naszych przyzwyczajeniach. Tylko wiesz, twoim wnukom nie będzie potrzebny wybudowany przez ciebie dom. Zrozumieją to, kiedy podrosną. Będzie im potrzebny inny dom. Właśnie dlatego nie warto wkładać dużo wysiłku, aby wybudować wielki i solidny dom.

— Anastazjo, znowu przygotowałaś jakąś pułapkę na mnie, wszystko, co ci proponuję, odrzucasz, nawet dom. Jestem przekonany, że dom bezspornie powinien być solidny. Mówiłaś, że razem będziemy projektować, a sprzeciwiasz się wszystkiemu, cokolwiek powiem.

— Oczywiście, że razem. Przecież niczego nie odrzucam, tylko wypowiadam swoje zdanie. Każdy może wybrać dla siebie to, co jest najbliższe jego naturze.

— W takim razie od razu mogłaś mi więcej powiedzieć o swojej koncepcji. Myślę, że nikt nie będzie potrafił zrozumieć, dlaczego dom nie powinien pozostać dla wnuków.

— Miłość do ciebie i wieczna pamięć o tobie przez inny dom będą zachowane. Wnuki, kiedy dorosną, na pewno zrozumieją, jaki materiał na dom, ze wszystkich wymyślonych na ziemi, jest dla nich najprzyjemniejszy, najmocniejszy i najbardziej korzystny. A ty w tej chwili takiego materiału nie posiadasz. Wnuki wybudują drewniany dom z tych drzew, które kiedyś posadził ich dziadek i które ich matka i ojciec kochali. Ten dom będzie je leczył, chronił od złego oraz dawał natchnienie na dobro. Wielka energia miłości będzie żyła w tym domu.

— Taaak, interesujące... dom bez materiału, z drzew, które wyhodowali dziadek, ojciec i matka. A dlaczego będzie chronił w nim żyjących? W tym jest jakaś mistyka.

— Po co określasz mistyką jasną energię miłości, Władimirze?

— Dlatego, że już się w tym wszystkim pogubiłem. Rozprawiam o projekcie działki, a ty nagle zaczynasz mówić o miłości.

— Dlaczego nagle? Przecież wszystko od początku powinno być stworzone z miłością.

— Co? I płot, i leśne sadzonki też sadzić z miłością?

— Oczywiście. Wielka energia miłości i wszystkie twoje planety wszechświata pomogą tobie żyć pewnym życiem, danym jedynie synowi Boga.

— W ogóle już wszystko gmatwasz, Anastazjo, od domu, ogrodu znowu przeszłaś do Boga. Jaki to może mieć związek?

— Wybacz mi niejasność mojego tłumaczenia, Władimirze. Pozwól, spróbuję w inny sposób mówić o znaczeniu naszego projektu.

— Spróbuj. Tylko wychodzi na to, że on nie jest nasz, ale twój.

— On jest wszystkich ludzi, Władimirze. Większość ludzkich dusz odczuwa go intuicyjnie, a skonkretyzować go i uświadomić sobie nie pozwalają człowiekowi chwilowe dogmaty, dźwięki drogi technicznej oraz nauki, większość z nich stara się odwieść ludzi od szczęścia.

— Więc spróbuj wszystko skonkretyzować.

— Tak, spróbuję. O, jak ja pragnę być zrozumiała dla ludzi. O, logiko Boskich dążeń, pomóż zbudować jaśniejsze połączenie słów!

ENERGIA MIŁOŚCI

— Ona, wielka energia miłości, wysłana na ziemię przez Boga dla swoich dzieci, pewnego dnia przychodzi do każdego. Bywa, że i nie jeden raz stara się ogrzać sobą człowieka i zostać z nim na zawsze. Jednak większość ludzi nie pozwala zostać energii Boskiej ze sobą. Wyobraź sobie, spotykają się pewnego dnia on i ona we wspaniałym świetle miłości. Dążą do połączenia swego życia na wieki. Uważają, że związek będzie mocniejszy, jeżeli zostanie zapisany na papierze i potwierdzony rytuałem przy wielkim zgromadzeniu świadków. Ale nadaremno. Upływa parę dni i energia miłości ich porzuca. I tak jest prawie ze wszystkimi.

— Tak, masz rację, Anastazjo. Rozwodzi się wielu ludzi. Około siedemdziesięciu procent. A ci, co się nie rozwiedli, żyją jak pies z kotem albo stają się sobie obojętni. Wszyscy to wiedzą, ale dlaczego to się dzieje na tak szeroką skalę — nikt nie ma pojęcia. Mówisz, że energia miłości ich opuszcza, ale dlaczego? Robi sobie żarty ze wszystkich czy gra w jakąś grę?

— Miłość z nikogo nie żartuje i nie gra. Stara się z każdym żyć wiecznie, jednak człowiek sam wybiera swój obraz życia, a ten obraz energię miłości odstrasza. Miłość nie może obdarzać natchnieniem zniszczenia. Płody miłości nie powinny żyć w mękach. Kiedy on i ona wspólnie zaczynają budować swoje życie, kiedy starają się osiedlić w mieszkanku martwym jak kamienna grota. Kiedy każdy ma swoją pracę, zainteresowania i otoczenie. Kiedy nie ma wspólnych działań dla przyszłości, nie ma wspólnego dążenia. Kiedy tylko uciechami cielesnymi się pasjonują, żeby później dziecko swoje oddać na pożarcie światu, w którym wody nie ma czystej, są bandziory, wojny i choroby — od tego energia miłości ucieka.

— A jeśli i on, i ona mają dużo pieniędzy? Albo rodzice młodym podarują niemałe mieszkanko, na przykład sześciopokojowe, w nowoczesnym budynku z ochroną przy wejściu. Sprezentują dobre auto i pieniędzy na koncie nie będzie im brakowało. Czy energia miłości zgodzi się zamieszkać w takich warunkach? Czy będą mogli ona i on do późnej starości żyć w miłości?

— Do starości będą zmuszeni mieszkać w strachu bez wolności, bez miłości. Będą obserwować, jak wszystko naokoło nich starzeje się i gnije.

— To w końcu czego potrzebuje ta kapryśna energia miłości?

— Niekapryśna jest miłość i niewyniosła, dąży tylko do stworzenia boskiego. Na wieki może ogrzać tego, kto zgodzi się stwarzać z nią przestrzeń miłości.

— A w tym projekcie, który rysujesz, jest dla niej miejsce?

— Tak.

— Gdzie w takim razie?

— Wszędzie. Wpierw rodzi się dla dwojga, potem dla ich dzieci, a dzieci przez trzy poziomy bytu będą miały połączenie z całym wszechświatem. Wyobraź sobie, Władimirze, on i ona zaczną w miłości urzeczywistniać projekt, który razem rysujemy. Będą sadzić nowe drzewa, trawy, ogród i cieszyć się wiosną, kiedy rozkwitną ich stworzenia. Miłość będzie żyła wiecznie wśród nich, w ich sercach i wszędzie naokoło. A jedno będzie sobie wyobrażać drugie w kwiatku wiosennym, wspominając, jak razem drzewko, co kwitnie, sadzili. Smakiem maliny przypomną sobie smak miłości, bo on i ona we wzajemnej miłości gałązki maliny trącali jesienią. W cienistym ogrodzie dojrzewają wspaniałe płody, a ogród ten sadzili wspólnie. Sadzili ogród w miłości. Ona śmiała się dźwięcznie, gdy on się spocił, kopiąc dołek, kropelkę z jego czoła ocierała i całowała gorące usta. Często w życiu bywa tak, że kocha tylko jeden, a drugi pozwala tylko być obok. Jak tylko ogród swój zaczną pielęgnować, rozdzieli się energia miłości i już nigdy tych dwojga nie opuści! Przecież obraz życia będzie odpowiadać temu, w którym samemu można żyć w miłości i dzieciom swoim przekazać miłości przestrzeń oraz wychować je na obraz i podobieństwo Boga.

— O wychowaniu dzieci opowiedz dokładniej, Anastazjo. Wielu czytelników pyta o wychowanie. Jeśli nie masz własnej metody, to chociaż powiedz, która z już istniejących jest najlepsza.

NA OBRAZ I PODOBIEŃSTWO

— Nie można znaleźć jednego dla wszystkich systemu wychowania dzieci, chociażby dlatego, Władimirze, że każdy sam powinien najpierw odpowiedzieć na pytanie: na kogo chce wychować swoje dziecko?

— No, jak na kogo? Na człowieka przecież, mądrego i szczęśliwego.

— Jeśli tak, to samemu wpierw powinno się takim stać. I jeśli ktoś nie zdołał być szczęśliwy, to powinien wiedzieć, co mu w tym przeszkodziło. Pragnę mówić o dzieciach szczęśliwych. Wychowywanie ich, Władimirze, to wychowywanie samego siebie. Pomoże w tym projekt, który teraz razem rysujemy. Jak dzieci się rodzą, wiesz, tak jak wszyscy wiedzą. Ludzie nie doceniają tego, co poprzedza narodziny, i nie przekazują w większości dzieciom planów bytu danych tylko człowiekowi. Nie oddają ich w całości, tym samym skazując dzieci na kalectwo.

— Kalecy? Masz na myśli takich bez ręki lub nogi? Albo z porażeniem mózgowym?

— Nie tylko zewnętrznie nowo narodzony człowiek może być kaleką. Ciało pozornie może się wydawać normalne. Jednak istnieje drugie „ja" człowieka i kompleks całkowity wszystkich energii w każdym być powinien: umysł, zmysły, myśli i wiele innych. Ale wasza medycyna więcej niż połowę wszystkich dzieci, zgodnie z nowoczesnymi, bardzo zaniżonymi parametrami, uważa dzisiaj za niepełnosprawne. Jeśli zechcesz się o tym przekonać, dowiedz się, ile istnieje szkół dla upośledzonych maluchów. Za takie uznała je wasza medycyna. Ale porównują ich zdolności tylko z tymi dziećmi, które sami uważają za względnie normalne. Gdyby lekarze dostrzegli, jaki powinien być idealny umysł i wewnętrzne kompleksy ludzkich energii, to tylko nielicznych spośród wszystkich urodzonych na ziemi mogliby uważać za normalnych.

— Ale dlaczego niepełnowartościowe rodzą się wszystkie dzieci, jak mówisz?

— Technokratyczny świat stara się nie dopuścić, aby w urodzonym połączyły się trzy główne punkty. Stara się, żeby popękały nici łączące z rozumem boskim. I pękają nici jeszcze przed narodzeniem się dziecka. I szuka tej łączności człowiek, przez całe życie borykając się z różnymi problemami, ale jej nie odnajduje.

— Jakie główne punkty, jakie nici z rozumem? Niczego nie pojąłem.

— Władimirze, jeszcze przed przyjściem na świat rozwój człowieka przebiega we wszystkich kierunkach, a wychowywanie go powinno się łączyć z całym stworzeniem kosmosu. To, z czego korzystał Bóg, tworząc swoje wspaniałe stworzenie, tego i syn jego lekceważyć nie powinien. Trzy główne punkty, trzy pierwsze plany bytu rodzice powinni przekazać swojemu stworzeniu. Pierwszy punkt rodzenia człowieka to myśl rodziców. I w Biblii o tym się mówi, i w Koranie: „Wpierw było słowo", ale można powiedzieć dokładniej: „Wpierw była myśl". I niech przypomni sobie ten, kto nazywa siebie rodzicem, kiedy, jakim w myślach kreował swoje dziecko? Co mu przepowiadał? Jaki świat dla niego stworzył?

— Uważam, Anastazjo, że większość nie bardzo stara się myśleć dopóty, dopóki kobieta nie stanie się brzemienna. Tak po prostu razem śpią. Nawet się nie żeniąc. A żenią się, dopiero kiedy towarzyszka zachodzi w ciążę. Dlatego że nie wiadomo, czy zajdzie w ogóle, czy też nie, więc nie ma sensu myśleć o tym naprzód, jeśli nie wiadomo, czy dziecko w ogóle się pojawi.

— Tak, niestety często tak właśnie bywa. Jedynie w rozkoszy ciał poczęta jest większość ludzi. Jednak człowiek jako obraz i podobieństwo Boga nie powinien być skutkiem jedynie tej rozkoszy. Wyobraź sobie inną sytuację. On i ona w miłości do siebie i w myślach o swoim przyszłym stworzeniu budują wspaniały, żywy dom oraz wyobrażają sobie, jak ich syn lub córka będą w tym miejscu szczęśliwi. Jak ich pociecha usłyszy pierwszy dźwięk — ten dźwięk to oddech matki i śpiew ptaków, stworzeń boskich. Następnie przedstawią sobie, jak ich dojrzałe dziecko zechce odpocząć po ciężkiej drodze. I wejdzie do ogrodu rodziców, usiądzie w cieniu cedru. W cieniu drzewa rodziców ręką, w miłości do niego i myślą o nim posadzonego na ojczystej ziemi. Wsadzenie rodowego drzewa przez rodziców punkt pierwszy określi. Punkt ten planety do pomocy im przywoła dla stworzenia przyszłości. On jest niezbędny! Ważny jest! I najbardziej ze wszystkich odpowiada Bogu! Jest potwierdzeniem tego, że będziesz tworzył podobne do Niego! Do Niego, twórcy wielkiego! I będzie się radował świadomością syna swego i córki swojej. „Początkiem wszystkiego jest myśl". Uwierz, proszę, Władimirze. Prądy wszystkich energii kosmosu ukażą się w tym punkcie, gdzie myśl dwojga w miłości i jedności się łączy, gdzie dwoje o wspaniałym stworzeniu pomyśli. Punkt drugi, a właściwie plan ludzki jeszcze jeden się urodzi, na niebie nową zapali gwiazdę, kiedy w miłości i zmysłami wspaniałego stworzenia dwa ciała złączą się w jedno w tym miejscu, gdzie budujesz dom rajski i żywy dla swojego przyszłego dziecka. Następnie w tym miejscu przez dziewięć miesięcy powinna żyć brzemienna żona. I najlepiej, gdyby te miesiące były kwieciem wiosny, błogim zapachem lata i płodami jesieni. Gdzie od radości przyjemnych uczuć nic jej nie będzie odciągać. Gdzie dźwięki tylko boskich stworzeń otaczają żonę, w której wspaniałe żyje już stworzenie. Żyje i cały wszechświat sobą odczuwa. Oglądać gwiazdy powinna przyszła matka. Gwiazdy wszystkie i wszystkie planety w myślach darować jemu, swemu wspaniałemu dziecku. Przecież matka może z łatwością to wszystko uczynić, wszystko będzie w jej mocy. Wszystko za myślą matki podąży bez wahania, a kosmos będzie wiernym sługą wspaniałego stworzenia, zrodzonego z dwojga w miłości. Trzeci punkt, również nowy plan w tym miejscu powinien się pojawić. Tam, gdzie dziecko było poczęte, tam i poród powinien się odbyć. A obok powinien być ojciec. I wówczas nad trojgiem wzniesie wieniec wielki, kochający nas wszystkich Ojciec.

— To zachwycające, niesamowite! Aż zabrakło mi tchu od twoich słów. Wiesz, Anastazjo, wyobraziłem sobie miejsce, o którym opowiadasz. I jakże mi się ukazało! Nawet zapragnąłem się na nowo urodzić w takim miejscu. Żeby na przykład zaraz można było tam przyjść i odpocząć w pięknym ogrodzie posadzonym przez ojca i matkę. Usiąść pod cienistym drzewem, posadzonym dla mnie przed moimi narodzinami. Gdzie byłem poczęty i gdzie się urodziłem. Gdzie mama w ogrodzie spacerowała, rozmyślając o mnie, zanim jeszcze pojawiłem się na świecie.

— Takie miejsce z wielką radością przywitałoby ciebie, Władimirze. Jeśli twe ciało byłoby chore, wyleczyłoby je. Jeśli dusza, wyleczyłoby duszę. I nakarmiłoby, i napoiło ciebie zmęczonego. Objęłoby snem spokojnym, a radosnym świtem obudziło. Ale tak jak większość ludzi żyjących dzisiaj na ziemi, i ty nie masz takiego miejsca, nie istnieje twoja ojczyzna, gdzie plany bytu mogą się połączyć.

— Dlaczego tak niefortunnie u nas wszystko się układa? I dlaczego matki nadal rodzą dzieci na pół upośledzone? Kto mi odebrał to miejsce? Kto odebrał je innym?

— Może sam, Władimirze, odpowiesz, kto miejsca tego nie stworzył dla córki twojej, Poliny?

— Co? Dajesz mi do zrozumienia, że jestem winien? Winien temu, że moja córka go nie ma?

A KTO JEST WINIEN?

— Przecież nie wiedziałem, że wszystko tak wspaniale można uczynić. Ach, szkoda, życia nie można cofnąć i wszystkiego naprawić.

— Po co cofać? Życie się toczy i każdemu jest dane wspaniały obraz i życie w każdym momencie tworzyć.

— Życie się toczy, oczywiście, ale jaka korzyść ze starców? Teraz czekają, aby dzieci im pomogły, a dzieci same są bezrobotne, i do tego jeszcze jak można teraz wychowywać dzieci, kiedy są już dorosłe?

— Dorosłym dzieciom również można dać wychowanie boskie.

— Ale jak?

— Wiesz, dobrze by było, gdyby starsi przeprosili swe dzieci. Szczerze przeprosili za to, że nie zdołali im stworzyć świata bez biedy. Za brudną wodę, za zanieczyszczone powietrze.

Niech starzejącą się ręką dom prawdziwy i żywy dla dorastających dzieci zaczną wznosić. Wydłużą się dni życia starców, jak tylko myśl podobna się w nich narodzi. A kiedy starcy dotkną ręką swej ojczyzny, uwierz, Władimirze, wtedy dzieci do nich powrócą. I nawet gdy starzec nie będzie w stanie wznieść domu do końca, to dzieci będą go mogły w swojej ojczyźnie pochować i tym samym pomogą mu się ponownie narodzić.

— Pochować w ojczyźnie. Przecież za ojczyznę miała być uważana rodowa działka. To znaczy, że na tej działce, a nie na cmentarzu powinniśmy chować rodziców? I właśnie tam stawiać im pomniki?

— Oczywiście, że na działce. W lasku wysadzonym ich rękoma. A sztuczne pomniki nie są im potrzebne. Przecież pamięcią o nich będzie to całe otoczenie. I każdego dnia całe otoczenie przypominać o nich będzie tobie nie ze smutkiem, ale wręcz z radością. I ród twój stanie się nieśmiertelny, ponieważ tylko dobra pamięć przywraca duszę na ziemię.

— Chwileczkę, a cmentarze to nie są w ogóle potrzebne?

— Władimirze, cmentarze obecnie przypominają śmietniki, gdzie wyrzuca się to, co już nikomu nie jest potrzebne. Nawet nie tak daleko wstecz ciała umarłych chowano w rodzinnych grobowcach i kaplicach, świątyniach. I tylko tych nie rodowych, zabłąkanych, wywożono za granice osad, i został tylko zniekształcony rytuał odległych czasów pamięci o zmarłych. Po trzech dniach, potem po dziewięciu, po pół roku, w rocznicę i później... I później odbywa się już tylko rytuał. W niepamięć umarła już dusza od żyjących odchodzi. Nierzadko zapomina się również o żyjących, kiedy nawet dzieci porzucają swych rodziców, uciekając do dalekich krajów. I nie ma w tym winy dzieci, one biegną intuicyjnie, wyczuwając oszustwo rodziców i beznadzieję własnych dążeń. Uciekają od beznadziejności, a same wpadają w ten sam ślepy zaułek. Tak już wszystko jest urządzone we wszechświecie, że na nowo w materialnym ciele urzeczywistniają się pierwsze te dusze, które dobre wspomnienia z ziemi przywołują. Nie rytuał, ale szczere uczucia, one na ziemi się pojawiają, kiedy umarły obrazem swego życia zostawi na ziemi dobre wspomnienia. Kiedy wspomnienie o nim nie rytualne, ale wręcz prawdziwe jest i materialne. Wśród wielu innych ludzkich planów bytu we wszechświecie plan materialny człowieka ma znaczenie nie mniejsze i stosunek do niego powinien być troskliwy. Z ciał rodziców pochowanych w lasku wysadzonym ich własną ręką wzejdzie trawa i kwiaty, i drzewa, i krzaki. Będziesz je widział i cieszył się nimi. Kawałeczka

ojczyzny stworzonej ręką rodziców codziennie będziesz dotykać i w pod-
świadomości będziesz z nimi obcować, a oni z tobą. O aniołach stróżach
słyszałeś?

— Tak.

— Aniołowie stróże, ci dalecy i bliscy rodzice twoi, chronić cię będą
się starać. Za trzy pokolenia ich dusze znowu zamieszkają na ziemi, ale
gdy ich jeszcze nie będzie w materii ziemskiej, energie ich dusz, anio-
łowie stróże, w każdej chwili będą dla ciebie ochroną. Na twoją ojczy-
stą działkę nikt z agresją nie będzie mógł wejść. Energia strachu istnieje
w każdym człowieku. To właśnie ona zbudzi się w napastniku, chorób
mnóstwo w agresorze powstanie. Choroby, które powstają od stresu,
właśnie one go później zniszczą.

— To potem, a do tego momentu wiele świństw może narobić.

— Ale kto będzie chciał atakować, Władimirze, jeżeli będzie świa-
dom nieuniknionej kary?

— A jeśli nie będzie wiedział?

— Intuicyjnie tę wiedzę ma każdy współczesny człowiek.

— No, dobrze, powiedzmy, że masz rację, jeżeli chodzi o wrogów,
a jak jest z przyjaciółmi? Na przykład zaproszę swoich przyjaciół, przy-
jadą, a całe to otoczenie zacznie ich odstraszać.

— Z obecności przyjaciół twych, których pomysły są czyste, całe
otoczenie będzie się radować jak i ty. I tu można dla przykładu podać
pieska. Kiedy do właściciela wchodzi przyjaciel, to nie tknie go wierny
stróż. Kiedy napastnik atakuje, to wierny pies gotów jest stoczyć z nim
śmiertelną walkę. A do tego jeszcze na działce twojej ojczystej ziemi
lecznicze będzie każde źdźbło trawy, tak dla ciebie, jak i dla twoich
przyjaciół. A podmuch wiaterku przyniesie wam pyłek leczniczy z kwia-
tów, drzew, krzaków oraz energie twoich przodków. Wtedy w natchnio-
nym przeczuciu stworzenia planety będą czekały na twoje rozkazy.
Spojrzenie ukochanej będzie się odbijało na wieki w każdym rozkwicie
wspaniałego płatka. I będą pieszczotliwie rozmawiać z tobą przez
tysiąclecia wychowane przez ciebie twoje dzieci. W nowych poko-
leniach będziesz się odradzał. Będziesz sam ze sobą rozmawiał i sam
siebie wychowywał. I będziesz stworzenia ze swoim Rodzicem tworzyć.

W ojczyźnie twojej w miłości twojej przestrzeni boska będzie żyła energia — miłość!

Kiedy Anastazja w tajdze opowiadała o działce, od pasji w jej głosie, od natchnienia zapierało dech w piersiach. Później, kiedy już stamtąd wyjechałem i napisałem o tym, często rozmyślałem: „Czy naprawdę to jest tak ważne, aby go mieć? Ten, jak go określa Anastazja, kawałeczek swojej ojczyzny? Czy faktycznie można wychować dziecko, już dorosłe, ostatnim swoim tchem? Czy rzeczywiście można za pomocą jego, ojczystego kawałka ziemi, rozmawiać z rodzicami, a jego energie będą chroniły ciebie, i duszę, i ciało?". I chyba tak miało być, że wszystkie moje wątpliwości rozwiało samo życie. A było to tak...

STARZEC PRZY DOLMENIE

Często przychodziłem do dolmenu znajdującego się na ziemi pewnego farmera w wiosce Pszada. I za każdym razem ni stąd, ni zowąd pojawiał się tam starzec — właściciel ziemi. Pojawiał się tak niespodziewanie, w połatanej koszuli i zawsze ze słoiczkiem miodu ze swej pasieki. Starzec był wysoki, kościsty i bardzo żywiołowy. Ziemię otrzymał niedawno, na początku pierestrojki, i miałem wrażenie, że bardzo się spieszy, aby zdążyć odpowiednio ją zagospodarować. Zbudował na niej niewielki dom, altankę dla uli, z odpadów różne budynki gospodarcze. Zaczynał zakładać ogród, kopać niewielki staw. Myślał, że w miejscu wykopu wybije źródło, ale napotkał kamienną warstwę. Do tego wszystkiego starzec bardzo się troszczył o dolmen. Zamiatał dookoła niego, układał kamienie z pola i mówił: „Te kamienie przyniesione są tu rękoma ludzi, spójrz, niepodobne są do tych naokoło. Ludzie zbudowali z nich kopiec, a na nim postawili dolmen". Gospodarstwo starca-farmera było położone z boku wioski i drogi. Najczęściej pracował na nim sam. Pomyślałem wtedy: „Czy nie rozumie, jak bezsensowne są jego wysiłki? Nie zdoła podnieść poziomu gospodarstwa, nie da rady obrobić ziemi, wybudować dobrego, nowoczesnego domu. A chociażby nawet zdarzył się jakiś cud i udałoby mu się uszlachetnić otaczające tereny, postawić na nogi gospodarstwo, to i tak nie będzie mu dane się tym nacieszyć.

Wszystkie dzieci dążą do życia w mieście, również jego syn osiedlił się wraz z żoną w Moskwie i został urzędnikiem. Czy nie rozumie ten starzec, że jego wysiłki są pozbawione sensu? Nie są potrzebne nikomu, nawet jego dzieciom. Z jakim uczuciem przyjdzie mu umierać, wiedząc, że jego gospodarstwo jest skazane na niepamięć? Wiedząc, że wszystko zarośnie zielskiem i wyginą jego pszczoły, a dolmen, stojący w tak niedogodnym miejscu, na środku jego pola, znów zarzucą odpadami. Lepiej by sobie odpoczywał u schyłku lat, a nie od rana do wieczora przez cały czas coś tam kopie i urządza jak oszalały".

Pewnego dnia przyszedłem do dolmenu o zmroku. Prowadzącą do niego ścieżkę oświetlał księżyc. Taka cisza naokoło, tylko słychać szelest liści poruszanych wiatrem. Zatrzymałem się kilka kroków przed drzewami otaczającymi dolmen. Na kamieniu obok portalu dolmenu siedział starzec. Od razu poznałem jego kościstą sylwetkę. Zwykle ruchliwy i wesoły, starzec siedział nieruchomo i, jak mi się zdawało, płakał. Potem wstał i swoim szybkim krokiem przeszedł się tam i z powrotem wzdłuż portalu dolmenu. Nagle gwałtownie się zatrzymał i, odwróciwszy się twarzą do dolmenu, potwierdzająco machnął ręką. Zrozumiałem: starzec obcował z dolmenem, rozmawiał z nim. Starając się jak najcisiej stąpać, odwróciłem się i odszedłem w stronę wioski. Po drodze się zastanawiałem: „Jak może pomóc człowiekowi u schyłku życia dolmen, chociażby jego duch był nie wiem jak mocny i mądry? To jak? Chyba jedynie takim obcowaniem? Mądrość! Mądrość jest potrzebna w młodości, gdzie z nią na starość? Komu jest potrzebna? Kto będzie słuchał mądrych słów, jeżeli nawet dzieci są gdzieś za siedmioma górami?".

Półtora roku później znowu poszedłem do tego dolmenu, wiedząc już, że starzec nie żyje. Było mi trochę smutno, że nie zobaczę tego wesołego, dążącego uparcie do celu człowieka. Już nigdy więcej nie spróbuję miodu z jego pasieki, ale co najważniejsze, nie chciałem znów zobaczyć zaśmieconego i opustoszałego dolmenu. Ale… ścieżka prowadząca do niego okazała się porządnie zamieciona. Przed skrętem do dolmenu stały drewniane stoły z ławami i urocza altanka. Ścieżka była wyłożona pomalowanymi na biało kamieniami i zieleniały sadzonki cyprysików. W oknach domu i obok niego paliły się lampy. Syn! Syn starca, Siergiej, porzucił Moskwę, swoją posadę i osiedlił się z żoną i synem na gospodarstwie u ojca. Siedzieliśmy z Siergiejem przy stole pod drzewami...

— Zadzwonił do mnie do Moskwy ojciec i poprosił, abym przyjechał. Przyjechałem, popatrzyłem i sprowadziłem tu rodzinę. Razem z ojcem pracowaliśmy i radością była dla mnie praca z nim. A kiedy zmarł, już nie mogłem tego miejsca opuścić.

— Nie żałujesz, że zostawiłeś stolicę?

— Nie, nie żałuję, żona również. Codziennie dziękuję ojcu. Jest tu o wiele bardziej komfortowo.

— Urządziliście dom wygodniej, dociągnęliście wodę?

— Wygódkę, toaletę, proszę, jeszcze ojciec przed domem zrobił. Inny komfort mam na myśli. We wnętrzu jakby zrobiło się bardziej komfortowo, czuję się bardziej wypełniony, w duszy nie ma pustki.

— A jak z pracą?

— Pracy jest tu pełno. Ogród trzeba posadzić, z pasieką dojść do ładu, jeszcze nie wiem do końca, jak zajmować się pszczołami. Szkoda, że nie zdążyłem przejąć od ojca tej umiejętności. Coraz więcej ludzi przyjeżdża do dolmenu, codziennie witamy pełne autobusy. Żona chętnie pomaga. Ojciec prosił mnie, abym witał ludzi, więc witam. Patrz, przystanek urządziłem, chcę tam doprowadzić wodę. Tylko strasznie przyduszają podatkami i jeszcze trochę brakuje środków. Dobrze, że jeszcze burmistrz w jakiś sposób stara się pomóc.

Opowiedziałem Siergiejowi o tym, co mówiła Anastazja, o ziemi, o ojczystych działkach, o pamięci rodziców, a on mi na to:

— Wiesz, ona ma rację! Na sto procent. Ojciec zmarł, a ja z nim codziennie jakbym rozmawiał, a nawet czasem się z nim spieram i coraz bliższy mi się staje, jakby w ogóle nie umarł.

— Jak to jest? Jak ty możesz z nim rozmawiać? Jak jasnosłyszący? Słyszysz jego głos?

— Ależ nie, wszystko jest o wiele prostsze. Widzisz ten lej? Tu ojciec szukał wody, ale napotkał skałę. Miałem go zasypać, na to miejsce postawić jeden stół z ławami, tak sobie myślałem: „Coś ty, tato, tak niedokładnie wyliczył, teraz niepotrzebnie jest dodatkowa praca, a przecież jest tu tak dużo do zrobienia". Zaczęły się deszcze i z góry pociekła woda, i wypełnił się nią lej. Trzymała się tak, nie uchodząc przez kilka miesięcy. Powstał taki mały stawek. Pomyślałem wtedy: „Ale z ciebie zuch, tato, przydał się twój lej". I wiele z tego, co on tu zaplanował, staram się zrozumieć.

— To w jaki sposób, Siergiej, wyrwał cię w końcu z Moskwy, jakimi słowami cię tu ściągnął?

— Tak zwyczajnie wszystko mówił, zwykłymi słowami. Pamiętam tylko, że od tych słów jakieś nowe uczucia się zrodziły, pragnienia... no, i jestem tutaj: Dzięki ci za to, tato!

Jakie słowa poznał starzec obcujący z dolmenem? Jaką mądrość odkrył, że zdołał nawrócić swego syna? Nawrócić na zawsze! Szkoda, że pochowano starca na cmentarzu, a nie na jego ziemi, jak radziła Anastazja. Poczułem się zazdrosny o Siergieja: „Znalazł, stworzył dla niego ojciec kawałek ojczyzny. Czy ja kiedykolwiek będę ją miał? Czy będą ją mieli inni? Wspaniale jest na polance Anastazji, wspaniale jest u Siergieja. Dobrze byłoby, aby wszyscy mieli swój kawałeczek ojczyzny!".

SZKOŁA LUB LEKCJA BOGA

Po ostatnich odwiedzinach dolmenu na ziemi Siergieja, po rozmowach z nim jeszcze wyraźniej przypomniały mi się rozmowy z Anastazją o ojczyźnie, o jej projektach działki. Napływały również w pamięci nakreślone przez nią kijkiem na ziemi niektóre działki przyszłych wspaniałych osad. Z takim zachwytem i niezwykłą intonacją głosu starała się o nich opowiadać, że nawet słyszałem jakby szelest liści w sadach pokrywających pustkę i jak szumi czysta woda w strumieniu, i widziałem, jak pośród nich żyją uroczy, szczęśliwi mężczyźni i kobiety, a jeszcze do tego dziecięcy śmiech i pieśni u schyłku dnia. Z podziwu rodziło się wiele pytań:

— Ale dlaczego kreślisz je, Anastazjo, tak, jakby działki w ogóle się ze sobą nie stykały?

— Przecież tak powinno być, żeby we wspaniałej osadzie były przejścia, ścieżki i drogi. Ze wszystkich stron jedna działka od drugiej powinna być oddalona nie mniej niż trzy metry.

— A czy w tej osadzie będzie szkoła?

— Owszem. Popatrz, tutaj jest szkoła — w centrum wszystkich kwadracików.

— Ciekawe, jacy nauczyciele będą uczyć w nowej szkole, jak zorganizowane będą zajęcia, przypuszczam, że tak, jak to zaobserwowałem w szkole u profesora Szczetinina. Wielu ludzi teraz tam jeździ i wszystkim bardzo się podoba ta leśna szkoła. Wielu ludzi samych chce stworzyć taką szkołę w swoich miejscowościach.

— Szkoła profesora Szczetinina jest wspaniała, jest jednym ze szczebli do szkół w nowych, przyszłych osiedlach. Absolwenci profesora Szczetinina będą pomagali przy ich budowie, a potem w nich wykładali. Nie całe jednak sedno w wykształconych i mądrych wykładowcach. Rodzice będą w tych szkołach kształcić swoje dzieci, a zarazem sami będą się od nich uczyć.

— Ale jak to, wszyscy rodzice staną się nagle nauczycielami? Czyżby wszyscy rodzice mieli wyższe i do tego pedagogiczne wykształcenie? Przecież różne przedmioty, takie jak matematyka, fizyka, chemia, literatura, kto będzie tym dzieciom wykładał?

— Wykształcenie oczywiście każdy będzie miał inne, ale przecież poznania przedmiotów i nauk nie powinno się uczynić jedynym celem. **Najważniejsze, aby poznać, jak być szczęśliwym, a to jedynie rodzice przykładem swoim wskazać mogą.**

Wcale nieobowiązkowo, w tradycyjnym rozumieniu, rodzice muszą prowadzić zajęcia szkolne. Na przykład mogą uczestniczyć we wspólnych dyskusjach lub wspólnie przeprowadzać egzaminy.

— Egzaminy? Kogo rodzice mogą egzaminować?

— Swoje dzieci, a dzieci przeegzaminują ich, swoich rodziców.

— Rodzice dzieci, szkolny egzamin? Przecież to niedorzeczne. Wtedy wszystkie dzieci będą piątkowiczami. Wszystkie! Który rodzic postawi dwóję swojemu dziecku?! Przecież to jasne jak słońce, że każdy rodzic postawi piątkę swojemu synowi lub córce.

— Nie spiesz się z osądem, Władimirze, wśród zajęć podobnych do dzisiejszych lekcji będą inne, najważniejsze lekcje szkoły nowej generacji.

— Inne, czyli jakie?

I nagle mnie olśniło. Jeżeli Anastazja z łatwością przedstawia obrazy tysiącletniej przeszłości, nieważne jak, czy za pomocą Promienia, hipnozy, czy czegoś tam jeszcze, ale to się udaje, to znaczy... to znaczy, że może pokazać i najbliższą przyszłość. Zapytałem wtedy:

— Czy mogłabyś pokazać chociaż jedne zajęcia przyszłej szkoły w nowych osadach? Te nietradycyjne, mogłabyś?

— Mogę.

— To pokaż, chcę je porównać z tymi, które widziałem u profesora Szczetinina, oraz z tymi, w których sam brałem udział w szkolnych latach.

— A nie będziesz zadawał pytań i lękał się, jaką siłą stworzę obrazy przyszłości?

— Jest mi obojętne, jak to zrobisz, bardzo mnie to interesuje.

— Połóż się więc na trawie, rozluźnij się i uśnij.

Anastazja delikatnie położyła dłoń na mojej i... Jak gdyby z góry zobaczyłem wśród działek jedną wyróżniającą się swoim wewnętrznym rozplanowaniem. Było na niej kilka dużych drewnianych domów połączonych ścieżkami, po bokach kwitły klomby. Obok kompleksu zabudowań znajdował się naturalny amfiteatr. Pagórek, na którym z góry na dół schodziły półkoliste rzędy ławek. Siedziało tam około trzystu osób w różnym wieku. Byli wśród nich starsi i siwi oraz całkiem młodzi. Wyglądało na to, że usiedli rodzinami, ponieważ siedzieli na przemian: mężczyźni, kobiety i dzieci w różnym wieku. Wszyscy ze sobą żarliwie dyskutowali, jakby czekało ich coś niezwykłego, koncert supergwiazdy lub przemowa prezydenta. Przed audytorium, na drewnianej scenie stały dwa stoliki z dwoma krzesłami, a z tyłu wisiała wielka tablica. Obok sceny około piętnastoosobowa grupa dzieci w wieku od pięciu do dwunastu lat bardzo żywo o czymś dyskutowała.

— Zaraz rozpocznie się coś podobnego do sympozjum z astronomii — usłyszałem głos Anastazji.

— A dzieci tu po co? Nie mają ich z kim zostawić? — zapytałem.

— Jedno z grupy dyskutujących dzieci zaraz rozpocznie główny odczyt. Na razie wybierają, kto to ma być. Widzisz dwoje pretendentów: dziewięcioletni chłopiec i ośmioletnia dziewczynka. W tym momencie dzieci głosują. Większością głosów wybrały chłopca.

Chłopiec pewnym krokiem podszedł do stołu, wyciągnął z tekturowej teczki i układał na stole jakieś kartki z wykresami i rysunkami. A wszystkie dzieci, jedne poważnie, inne podskakując, wróciły do swoich rodziców siedzących na ławkach. Cała w piegach rudowłosa dziewczynka, pretendentka do odczytu, przeszła obok stołu z dumnie podniesioną głową. W rękach miała teczkę, jeszcze grubszą niż miał chłopiec, z pewnością również w niej znajdowały się rysunki i wykresy pomocne w wystąpieniu.

Chłopiec przy stole próbował powiedzieć coś przechodzącej obok dziewczynce, ale maleństwo się nie zatrzymało. Poprawiła swój rudy warkoczyk i przeszła obok, odwracając się demonstracyjnie. Chłopczyk przez jakiś czas zakłopotany patrzył w ślad za oddalającą się, dumną, rudowłosą dziewczynką. Potem znów skupił się na przeglądaniu swoich kartek.

— Kto zdążył tym dzieciom do takiego stopnia wpoić astronomię, żeby teraz robiły wykład dla dorosłych? — zapytałem Anastazję.

— Nikt im nie wpajał. Po prostu zaproponowano im, aby same się zastanowiły, jak wszystko jest zbudowane. Miały się przygotować i przedstawić swoje wnioski. Przygotowywały się od dwóch tygodni i teraz nadszedł odpowiedni moment. Wnioski może zawetować każdy chętny, a mówca będzie bronił swojej racji.

— Wychodzi na to, że to zabawa?

— Możesz sobie określać to, co tu się dzieje, jako zabawę, jednak ona jest bardzo poważna. Każdy z obecnych będzie miał włączoną i przyspieszoną myśl o zabudowie międzyplanetarnej, a być może również o czymś większym zaczną myśleć obecni tu ludzie. Przecież dzieci myślały dwa tygodnie. Myślały, a myśli ich żadnym dogmatem nie są ograniczone, żadne hipotezy na temat budowy międzyplanetarnej nad nimi nie ciążą, więc jeszcze nie wiadomo, co nam one powiedzą.

— Nafantazjują swoim dziecięcym umysłem, czy to chcesz powiedzieć?

— Chcę powiedzieć, że przedstawią swoją wersję, przecież dorośli też nie mają jednakowego pojęcia o budowie układu planetarnego. Celem tego sympozjum nie jest wypracowanie jakiegoś kanonu, lecz przyspieszenie myśli, która później określi prawdę lub dojdzie do niej bardzo blisko.

Do drugiego stolika podszedł młody człowiek, ogłosił początek wykładu. Chłopiec zaczął mówić. Występował z pewnością siebie i pasją przez blisko trzydzieści minut. Jego mowa, jak mi się zdawało, była na ogół dziecięcą fantazją. Fantazją nie popartą żadnymi teoriami naukowymi ani nawet elementarną wiedzą z kursu astronomii szkoły średniej. Chłopiec mówił coś w tym rodzaju:

— Jeśli wieczorem popatrzeć w niebo, to tam się świeci bardzo dużo gwiazd. Gwiazdy są różne, całkiem malutkie mogą być i większe. A zupełnie maleńkie gwiazdki też mogą być duże, tylko my tak po prostu myślimy, że one są małe, a tak naprawdę są wielkie. Tak samo jak samolot: kiedy leci wysoko, jest mały, ale kiedy podejdziemy do niego na ziemi, okazuje się duży i wielu ludzi może się w nim zmieścić. Również na każdej gwieździe może się dużo ludzi pomieścić. Tylko teraz nie ma ludzi na gwiazdach, a one świecą wieczorami, i duże, i małe. Świecą, abyśmy patrzyli na nie i o nich myśleli. Gwiazdy chcą, abyśmy wszystko dobrze na nich uczynili, tak jak jest to na ziemi. One trochę zazdroszczą ziemi. Pragną, aby rosły na nich takie jagody i drzewa jak u nas. Żeby była tam rzeka i rybki. Gwiazdy czekają na nas, każda stara się świecić jak najjaśniej, abyśmy właśnie na nią zwrócili uwagę. Jednak nie możemy na nią polecieć, gdyż mamy dużo spraw do załatwienia w domu. Ale kiedy już w domu wszystko będzie zrobione i wszędzie na całej Ziemi będzie dobrze, to wtedy polecimy ku gwiazdom. Tylko polecimy nie samolotem ani rakietą, bo nimi leci się długo i nudno, a do tego w samolocie czy rakiecie nie zmieszczą się wszyscy. I nie zmieści się wiele innego ładunku. Nie zmieszczą się też drzewa i rzeczka. Kiedy uczynimy tak, że na całej Ziemi będzie dobrze, to na spotkanie z pierwszą gwiazdą polecimy całą Ziemią. A niektóre gwiazdy same zapragną przylecieć do Ziemi i przytulić się do niej. Gwiazdy wysyłały już swoje kawałki i przytulały się one do Ziemi, ludzie myśleli najpierw, że to są komety, a to kawałki gwiazd. Wysyłały je gwiazdy pragnące dotknąć Ziemi. A my możemy polecieć na tę daleką gwiazdę całą Ziemią i kto zechce, zostanie na gwieździe, żeby stało się tam tak samo pięknie jak na Ziemi — chłopiec podnosił swoje kartki, pokazując je słuchaczom. Na nich były rysunki rozgwieżdżonego nieba, szlaki przemieszczania się Ziemi ku gwiazdom. Na ostatnim rysunku były dwie gwiazdy w kwitnących sadach i oddalająca się w swym międzyplanetarnym locie Ziemia. Kiedy chłopiec skończył swoją przemowę, przewodniczący ogłosił, że chętni mogą wystąpić jako oponenci lub wypowiedzieć swoje zdanie na temat tego, co usłyszeli, ale nikt się nie spieszył do wystąpienia, wszyscy milczeli i, jak mi się wydawało, byli poruszeni.

— Dlaczego się tak denerwują? — zapytałem Anastazję. — Czyżby żaden z dorosłych nie znał się na astronomii?

— Denerwują się dlatego, Władimirze, że powinno się mówić w sposób zrozumiały i uargumentowany. Przecież tu są obecne ich dzieci. Jeśli występ nie zostanie zrozumiany lub odebrany przez dziecięcą duszę, zrodzi się nieufność względem mówcy albo, co gorsza, niechęć. Dorośli cenią stosunek dzieci do siebie, więc denerwują się, bo nie chcą ryzykować. Boją się wyjść na głupców przed tu obecnymi, a przede wszystkim przed własnymi dziećmi.

Głowy większości słuchaczy zaczęły się kierować ku siedzącemu pośrodku audytorium, starszemu, siwiejącemu mężczyźnie. Trzymał w objęciach małą, rudowłosą dziewczynkę, pretendentkę do wykładu. Obok nich siedziała młoda i piękna kobieta. Anastazja powiedziała:

— Wielu patrzy teraz właśnie na tego mężczyznę w centrum widowni. Jest on profesorem uniwersytetu, naukowcem, teraz już emerytowanym. Prywatne życie początkowo nie układało mu się zbytnio, nie miał dzieci. Dziesięć lat temu wziął sobie działkę i zaczął ją wyposażać. Pokochała go młoda dziewczyna i zrodziła się z tego związku rudowłosa dziewczynka. Ta młoda kobieta obok niego jest właśnie jego żoną i matką dziewczynki. Były naukowiec bardzo kocha swoje późne dziecko. Jego rudowłosa córka również bardzo kocha i szanuje swojego ojca. Większość obecnych uważa, że profesor powinien wystąpić jako pierwszy.

Siwawy profesor ociągał się ze swoim wystąpieniem. Było widać, jak ze zdenerwowania wertował jakąś gazetę. Wreszcie wstał i zaczął mówić. Powiedział coś o budowie galaktyki, kometach, o masie Ziemi, a na końcu podsumował:

— Planeta Ziemia rzeczywiście przemieszcza się w przestrzeni i obraca. Ale ona jest nierozłącznie powiązana z Systemem Słonecznym i nie może samodzielnie bez niego się przemieszczać ku oddalonym galaktykom. Słońce daje życie wszystkiemu, co żywe na Ziemi. Oddalenie od Słońca spowoduje nagłe ochłodzenie na Ziemi i w konsekwencji jej śmierć. Wszyscy możemy zaobserwować, co się już dzieje przy względnie niedużym oddaleniu od Słońca. Nastaje zima... — nagle profesor umilkł. Chłopiec wykładowca zdezorientowany to przeglądał swoje rysunki, to pytająco spoglądał na swoich rówieśników, z którymi przygotowywał wystąpienie. Widocznie argument z zimą i ochłodzeniem był dla wszystkich ważny i zrozumiały. Argument ten rujnował piękne dziecięce marzenie o wspólnym locie. I nagle z trwającej już pół minuty ciszy znowu zabrzmiał głos siwiejącego profesora:

— Zima... zawsze życie zamiera, kiedy Ziemi brakuje energii słonecznej. Zawsze! Nie są potrzebne żadne teoretyczne, naukowe wynalazki, aby to zauważyć i się o tym przekonać... Jednak uważam, że energia taka sama jak słoneczna istnieje również na samej Ziemi. Tylko ona się jeszcze nie ujawniła. Jeszcze nikt jej nie odkrył. Możliwe, że kiedyś wy ją odnajdziecie... Jestem przekonany, że Ziemia może być samowystarczalna i ta energia w czymś się przejawia. Pojawi się na Ziemi jak energia Słońca i właśnie ona będzie niczym energia Słońca otwierać płatki kwiatów, a wtedy będzie można wędrować Ziemią po galaktykach... tak, wtedy...

Profesor zaciął się i umilkł. Na widowni powstał niezadowolony gwar i się zaczęło...

Występujący dorośli podnosili się ze swoich miejsc i wypowiadali się, prostując wypowiedź profesora na temat możliwości życia bez słońca. Mówili coś o zachodzącej w roślinach fotosyntezie, o temperaturze środowiska, o torach ruchu planet, z których żadna nie może zejść. A profesor siedział, coraz niżej spuszczając swoją siwą głowę. Jego rudowłosa córeczka odwracała główkę w kierunku każdego mówcy, czasem się podnosząc z miejsca, jakby chciała własnym ciałem obronić ojca przed zarzutami z widowni.

Starszawa kobieta wyglądająca na nauczycielkę zabrała głos i zaczęła mówić o tym, że nie jest dobrze potakiwać i schlebiać dzieciom w imię ich sympatii do siebie.

— Każde kłamstwo z czasem wyjdzie na jaw i jak my wszyscy wtedy będziemy wyglądali? Przecież to niezwykłe kłamstwo, to jest małoduszność, a nawet tchórzostwo — wyrzuciła z siebie kobieta.

Rudowłosa dziewczynka wczepiła się rączkami w klapę marynarki ojca. Zaczęła nim potrząsać i, niemal płacząc, przemawiała łamiącym się głosem:

— Tatulku, skłamałeś o tej energii... Czy skłamałeś, tatulku? Dlatego że jesteśmy dziećmi? Ta pani powiedziała, że stchórzyłeś, a tchórzostwo jest złe, prawda?

Na widowni pod gołym niebem zaległa cisza. Profesor podniósł głowę, popatrzył swojej córce w oczy, położył rękę na jej ramionku i spokojnie powiedział:

— Uwierzyłem, córuniu, w to, co powiedziałem.

Rudowłosa dziewczynka wpierw zamarła na chwilę, a potem błyskawicznie stanęła na ławce i wysokim dziecięcym głosem wykrzyknęła do widowni:

— Mój tato nie stchórzył! Tato uwierzył! Uwierzył! — dziewczynka mierzyła wzrokiem zamilkłych widzów. Nikt nie patrzył w ich kierunku. Odwróciła się do matki, ale młoda kobieta, odwróciwszy głowę, to zapinała, to rozpinała guziki przy rękawach bluzki. Dziewczynka znowu objęła wzrokiem milczącą salę, popatrzyła na ojca. Profesor nadal jakoś bezradnie patrzył na swą małą córeczkę. W absolutnej ciszy znów, lecz już nie głośno, ale pieszczotliwie, zabrzmiał głos rudowłosej:

— Ludzie ci nie wierzą, tatusiu. Oni nie wierzą dlatego, że nie ujawniła się jeszcze na ziemi ta energia, co może jak słonko otwierać płatki kwiatów. A kiedy ona się ujawni, to wszyscy ci wtedy uwierzą. Potem uwierzą, kiedy się pojawi. Później...

Nagle dziewczynka bystrym ruchem poprawiła swą grzywkę, skoczyła na przejście pomiędzy ławkami i pobiegła. Wybiegłszy na skraj amfiteatru, podążyła ku jednemu ze stojących obok domów, wleciała przez drzwi, a po dwóch sekundach znów się w nich pojawiła. Dziewczynka trzymała w dłoniach doniczkę z jakąś rośliną, podbiegła z nią do pustego już biurka wykładowcy. Postawiła doniczkę na blacie i dziecięcy głos, donośny i pewny siebie, zabrzmiał nad głowami obecnych:

— To jest kwiat. Zamknęły się jego płatki. Płatki wszystkich kwiatków się pozamykały, dlatego że słońce już zaszło. Ale za moment otworzą się znowu. Dlatego że istnieje na ziemi energia... Ja będę... Ja przemienię się w energię otwierającą płatki kwiatów.

Dziewczynka zacisnęła paluszki w piąstki i zaczęła się wpatrywać w kwiat. Wpatrywała się, nie mrugając. Siedzący na swoich miejscach ludzie nie rozmawiali, wszyscy patrzyli na dziewczynkę i stojącą na blacie doniczkę z jakąś rośliną. Profesor powoli wstał i skierował się w stronę córki. Podszedł do niej, wziął za ramiona, starając się ją stamtąd zabrać. Ale rudowłosa potrząsnęła ramionami i szepnęła:

— Lepiej mi pomóż, tatusiu.

Profesor chyba w ogóle się zamotał i został obok córki, położył dłonie na dziecięce ramiona i też zaczął się wpatrywać w kwiat. Nic się jednak nie działo z rośliną i było mi jakoś tak żal i rudowłosej dziewczynki, i siwiejącego profesora. I czy było mu to potrzebne tak wyskoczyć ze swoimi twierdzeniami o wierze w nieujawnioną jeszcze energię? Nagle z pierwszego rzędu podniósł się wykładający wcześniej chłopiec. Obrócił się ku milczącej widowni, pociągnął nosem, podszedł do biurka i stanął obok rudowłosej dziewczynki. Tak jak i ona skierował swój przenikliwy wzrok na roślinę w glinianej donicy. Ale z rośliną oczywiście nadal się nic nie działo.

I nagle zobaczyłem! Zobaczyłem, jak na widowni zaczęły wstawać ze swoich miejsc dzieci w różnym wieku. Jedno za drugim podchodziły w milczeniu do biurka, stawały obok siebie i wnikliwie patrzyły na kwiat. Ostatnia z nich była sześcioletnia dziewczynka, obejmująca obiema rękami swego zupełnie jeszcze maleńkiego braciszka. Przecisnęła się do przodu między stojącymi. Z trudem przy czyjejś pomocy postawiła braciszka na stojące przy stole krzesło. Maluch, porozglądawszy się po stojących dookoła, odwrócił się do kwiatka i zaczął na niego dmuchać. I nagle na roślinie w doniczce zaczęły się powoli otwierać płatki jednego z kwiatków. Całkiem powoli, ale zauważyli to milczący ludzie z widowni. Niektórzy z nich oniemiali wstawali ze swych miejsc. A na stole otwierał swe pąki już drugi kwiat, a wraz z nim trzeci, czwarty...

— Iiiii — zapiszczała w zachwycie drżącym głosem starszawa kobieta wyglądająca na nauczycielkę i zaklaskała. Widownia wypełniła się głośnymi oklaskami. Ku profesorowi, który odszedł od zachwyconych dzieci, pocierając swoje skronie, pędziła z widowni młoda, piękna kobieta, jego żona. Z rozpędu podskoczyła, rzuciła mu się na szyję i zaczęła całować jego policzki, usta... Rudowłosa dziewczynka zrobiła krok w stronę całujących się rodziców, ale zatrzymał ją chłopiec — wykładowca. Wyrwała jednak rękę, ale zrobiwszy kilka kroków, zawróciła, podeszła do niego bardzo blisko i zapięła guzik przy jego koszuli. Uśmiechnęła się i, odwróciwszy się na pięcie, pobiegła do swoich objętych rodziców. Z widowni podchodziło do stołu coraz więcej ludzi, ktoś brał na ręce swoje dziecko, ktoś ściskał dłoń małemu wykładowcy, który tak stał z jedną ręką wyciągniętą do gratulacji, a drugą wciąż ściskał zapięty przed chwilą przez rudowłosą guzik. Ktoś nagle zagrał na harmonii coś pomiędzy ruskim a cygańskim i przytupnął nogą jakiś starzec na scenie, a do niego jak łabędź płynęła już puszysta kobieta. Zeszło się w przykuckach dwóch młodych chłopaków i patrzył kwiatek swoimi otwartymi płatkami na ten żywy tan, zachęcający swoim temperamentem coraz więcej ludzi.

Obraz niezwykłej szkoły nagle zniknął, jakby zgasł ekran. Siedziałem na trawie. Naokoło jedynie tajgowa roślinność i Anastazja obok. A wewnątrz takie wzruszenie i słyszę śmiech szczęśliwych ludzi, i dźwięki wesołego tańca, i jeszcze ze wszystkim tym nie chciałem się rozstawać. Kiedy powoli ucichły we mnie wszystkie dźwięki, zwróciłem się do Anastazji:

— To, co przed chwilą mi pokazałaś, w ogóle nie jest podobne do szkolnych lekcji. To było jakieś zebranie rodzin żyjących po sąsiedzku, i nie było ani jednego nauczyciela, wszystko odbywało się samo przez się.

— Nauczyciel tam był, Władimirze, najmądrzejszy. Niczyjej uwagi sobą nie zwracał.

— A rodzice? Po co tam byli obecni? Przez ich emocje powstał tylko zamęt.

— Emocje i uczucia wielokrotnie przyspieszają myśl. Lekcje podobne do tej odbywają się w tej szkole co tydzień. Nauczyciele, rodzice są w swoich dążeniach jednością i uważają dzieci za RÓW–NE sobie.

— Jednak niezwykłe wydaje się uczestnictwo rodziców w edukacji dzieci. Przecież rodzice nie przygotowywali się do zawodu nauczyciela.

— Przykre jest to, Władimirze, że wśród ludzi rozpowszechnił się zwyczaj przekazywania swoich dzieci na wychowanie innym. Komu, nie jest ważne. Szkole albo innym instytucjom. Przekazują swoje dzieci, często nie wiedząc nawet, jaki będzie im wpajany światopogląd, jaki los zgotuje im czyjaś nauka. Oddając swoje dzieci w nieznane, samemu traci się swoje dzieci. Właśnie dlatego zapominają o matkach te dzieci, które zostały przez nie oddane komuś na naukę.

* * *

Nadszedł dzień powrotu do domu. Otrzymane informacje przepełniły mnie całego na tyle, że nie akceptowałem i nie zauważałem tego, co mnie otaczało. Z Anastazją pożegnałem się też jakoś tak w pośpiechu. Powiedziałem:

— Nie odprowadzaj mnie. Kiedy pójdę sam, nikt nie będzie mi przeszkadzał w myśleniu.

— Tak, niech nikt ci nie przeszkadza w myślach — odpowiedziała.

— Kiedy dotrzesz do rzeki, będzie czekał na ciebie dziadek, on przewiezie cię łodzią na przystań.

Szedłem samotnie przez tajgę ku rzece i myślałem jednocześnie o wszystkim, co zobaczyłem i usłyszałem. Natarczywie nasuwało się jedno pytanie: jak mogło tak się z nami stać, mam na myśli większość ludzi? Ojczyznę ma jakby każdy, a maleńkiego własnego kawałka ojczyzny nikt nie posiada. Nawet nie ma w państwie ustawy gwarantującej człowiekowi, jego rodzinie możliwość posiadania własnego, choćby jednego hektara ziemi. Różne partie rządzące, zmieniające się jedna za drugą, obiecują różne korzyści, ale temat kawałka ojczyzny dla każdego omijają bokiem. Dlaczego? Przecież wielka ojczyzna składa się z małych kawałeczków. Rodowych małych miejsc. Ogrodów i domów na nich. Jeśli takich nie ma, to z czego wtedy składa się ojczyzna? Powinno się przyjąć taką ustawę, żeby każdy mail taki kawałeczek swojej ojczyzny. Każda rodzina, która zapragnie go posiadać. Należy coś zrobić jak najszybciej, bo inaczej umrzesz, a na swoją ojczyznę nie trafisz i wnuki nie wspomną o tobie. Kiedy pojawi się taka możliwość? Kiedy będzie można powiedzieć: „Dzień dobry, moja ojczyzno!"?

* * *

Dziadek Anastazji siedział na pniu drzewa nad brzegiem. Obok lekko kołysała się na falach przycumowana maleńka, drewniana łódeczka. „Wiosłując do najbliższej przystani po drugiej stronie rzeki kilka kilometrów z prądem nie jest ciężko, ale jak z powrotem, pod prąd, będzie wiosłował?" — pomyślałem, witając starca, i zapytałem go o to:

— Dotrę pomału — odpowiedział dziadek. Zwykle wesoły, tym razem był, jak mi się wydawało, poważny i niezbyt skory do rozmowy. Usiadłem obok niego na pniu i zapytałem:

— Nie mogę zrozumieć, w jaki sposób Anastazja gromadzi w sobie tyle informacji? Pamięta o przeszłości i o tym, co teraz się dzieje, o naszym życiu wie wszystko. A mieszka w tajdze, kwiatkami, słoneczkiem i zwierzątkami się cieszy. Jakby o niczym specjalnym nie myślała.

— O czym tu myśleć? — odpowiedział dziadek. — Ona odczuwa te informacje. Kiedy są jej potrzebne, bierze tyle, ile zechce. Odpowiedzi na wszystkie pytania są w przestrzeni obok nas. Trzeba tylko umieć je przyjąć i głośno wypowiedzieć.

— Jak to?

— Jak? Jak? Idziesz ulicą bardzo dobrze znanego ci miasta, myślisz o swoich sprawach. Nagle ktoś do ciebie podchodzi i pyta, jak dotrzeć w pewne miejsce. Przecież możesz dać mu odpowiedź?

— Tak, myślę, że byłbym w stanie.

— No, widzisz, jakie to wszystko proste? Myślałeś o swoich sprawach. Pytanie powstało zupełnie nie związane z twoimi myślami, ale odpowiesz człowiekowi. W tobie odpowiedź jest zawarta.

— To była prośba, żeby wytłumaczyć, jak dojść. Ale jeśli przechodzień zapyta mnie, co było w miasteczku, w którym się z nim spotkałem, na przykład tysiąc lat temu, nikt nie będzie w stanie dać mu odpowiedzi.

— Nie będzie w stanie, jeżeli będzie leniwy. Wszystko w każdym człowieku i wokół niego od momentu stworzenia jest przechowywane. Ale lepiej już wsiadaj do łodzi, czas odpływać — starzec chwycił za wiosła. Kiedy odpłynęliśmy kilometr od brzegu, milczący do tej pory dziadek nareszcie zwrócił się do mnie:

— Postaraj się w swoich rozmyślaniach i informacjach nie zaplątać, rzeczywistość oceniaj według siebie samego. W równej mierze odczuwaj sobą materię i to, czego nie widać.

— Nie rozumiem, po co pan mi to mówi?

— Dlatego że zacząłeś grzebać się w informacji, określać ją rozumem. Jednak nie da rady przez rozum. Pojemności tego, co wie moja wnuczka, rozum nie pomieści. I przestaniesz wtedy wokół siebie dostrzegać dzieła.

— Aaa, wszystko widzę. To jest rzeka, łódź...

— To dlaczego w takim razie ty, tak wszystko widzący, ani z wnuczką, ani ze swym synem nie potrafiłeś się po ludzku pożegnać?

— No, może nie potrafiłem, myślałem o bardziej globalnych rzeczach.

Przecież faktycznie odszedłem, prawie nie pożegnawszy się z Anastazją, i przez całą drogę tak intensywnie myślałem, że nawet nie zauważyłem, jak doszedłem do rzeki.

— Anastazja także o czymś innym marzy — dodałem — o czymś szerszym, większym, nie są jej potrzebne żadne sentymenty.

— Anastazja odczuwa sobą wszystkie plany bytu i każdego bez szkody dla drugiego odbiera.

— No, to co?

— To wyciągnij lornetkę z torby i spójrz na drzewo w miejscu, skąd wypłynęła nasza łódź.

Popatrzyłem na drzewo przez lornetkę. Na brzegu obok pnia stała Anastazja z synem na rękach. Na zgiętej ręce trzymała jakiś pakunek. Stała tak z moim synem i machała w ślad za odpływającą z prądem łodzią. I ja pomachałem Anastazji.

— Wygląda na to, że wnuczka z synem szła za tobą. Czekała, aż skończysz swoje rozmyślania, przypomnisz sobie o synu i o niej pomyślisz. I pakunek dla ciebie uszykowała, widzisz? Jednak informacja otrzymana od niej okazała się dla ciebie ważniejsza. Duchowe, materialne — wszystko powinno się odczuwać równomiernie. Wtedy i w życiu twardo będziesz stał na ziemi. Kiedy jedno zwycięży nad innym, wtedy jakby kulawy się staniesz.

Starzec mówił bez złości i machał z wprawą wiosłami. Albo jemu, albo sam sobie głośno próbowałem odpowiedzieć:

— Dla mnie najważniejsze jest teraz to, żeby zrozumieć, samemu zrozumieć! Kim jesteśmy? Gdzie jesteśmy?

ANOMALIA W GELENDŻYKU

Szanowni Czytelnicy, wszystko, co jest opisane w moich książkach, usłyszałem osobiście od Anastazji. Šam to zobaczyłem i przeżyłem. Wszystkie zdarzenia to realne zdarzenia z mojego życia.

Teraz mam problem z różnymi zjawiskami i zdarzeniami, które ludzie wiążą ze mną i z Anastazją. Teraz z szybkością błyskawicy rozprzestrzenia się pogłoska o ognistej kuli, z którą obcuje Anastazja. Pamiętacie, jak na pytanie dziadka: „Co to jest?" odpowiedziała: „Ona jest dobra"? Dlaczego nagle przypomniałem o ognistej kuli, pojawiającej się nie wiadomo skąd? Dlatego że ta kula, jak potwierdza masa świadków, pojawiła się nad Gelendżykiem i spowodowała popłoch. Teraz niektórzy złośliwcy rozpowszechniają pogłoski, że Anastazja za pomocą tej kuli może zbombardować wszystkich jej nieprzychylnych, że obcuje nie tylko z jasnymi, ale i z ciemnymi siłami. Na tle tych wydarzeń przytrafiło się coś...

Siedemnastego września po południu, w przeddzień konferencji czytelników książek Anastazji, podniósł się wiatr i zerwała burza. Na niedużym placu przed budynkiem urzędu miasta pojawiła się ognista kula. Dalsze jej czyny, jak teraz mówią, były bardzo zbliżone do działania kuli Anastazji. Ta ognista kula ominęła wszystkie piorunochrony otaczające plac, dotknęła stojącego na środku drzewa i w tym momencie wydzieliło się z niej kilka mniejszych ognistych kul. Jedna wleciała do gabinetu burmistrza miasta, na oczach tam obecnych okrążyła pokój i wyleciała. Druga wleciała przez okno gabinetu zastępcy burmistrza, pani Kaliny, przez moment zawisła nad jej głową, potem skierowała się w stronę okna,

166

nakreśliła na szybie nieścieralny do tej pory dziwny znak i wyleciała. Od tego czasu ludzie twierdzą, że administracja Gelendżyka stała się święta albo zmądrzała, właśnie bowiem po zdarzeniu z kulą zrobiła wszystko, aby polepszyć warunki przyjeżdżających do miasta czytelników, zrekonstruowała dolmeny wokół miasta i zdecydowała się na coroczną organizację festiwalu duchowej pieśni autorskiej, i wiele, wiele innych rzeczy, o których wcześniej nawet nie chciała słyszeć.

Pojawiła się też plotka, że Gelendżyk odwiedziła kula Anastazji. Próbowałem to zdementować, ale zaczęto mi udowadniać, że przypadki nie istnieją. I że to nie było tylko jedno zdarzenie, ale cały łańcuch zdarzeń, i twierdzili, że jeżeli przypadki łączą się kolejno w jeden łańcuszek, to się nazywa przeznaczeniem. Oczywiście można powiedzieć, że przypadki połączyły się w łańcuch, ale do teraz nie mogę zrozumieć, jak kula ominęła wszystkie piorunochrony? Dlaczego dotknęła stojącego na placu dużego drzewa, wybuchła, grzmotnęła, nie niszcząc go jednak, tylko poleciała do gabinetów tych, którzy mają władzę decydować? I dlaczego miejscowa administracja od razu po odwiedzinach kuli pozytywnie rozpatrzyła wiele wniosków? I dlaczego po tym zjawisku sama pani Kalina przyszła, aby powitać przybyłych na konferencję czytelników, i tak dalej.

Ludzie twierdzili, że władze miasta tak się zmieniły, iż teraz Gelendżyk zacznie kwitnąć i stanie się, jak zapowiadała Anastazja, bogatszy od Jerozolimy i Rzymu.

Byłem w tych gabinetach i widziałem znak na szybie, dotykałem go, czułem niezwykły zapach podobny do kadzidła i siarki, ale nie odczuwałem żadnego lęku, wręcz odwrotnie, pani Kalina była radośniejsza niż zwykle. I też mnie zapytała: „Jak pan uważa, czy to nie był jakiś znak?". Krótko mówiąc, tak się złożyło, że w wersję o zwykłej kulistej błyskawicy nikt nie uwierzył, a mi zaczęto wytykać, że tak upraszczam to wydarzenie. Tak naprawdę ani nie mam zamiaru udowadniać przynależności ognistej kuli do Anastazji, ani temu zaprzeczać. To jest bez sensu, ponieważ każdy będzie się upierał przy swoim.

W Biblii się mówi: „Sądźcie siewcę po płodach", to jakie te płody? Ja nie widzę ani jednego negatywnego skutku, więc płody są dobre, a Anastazja mówi o ognistej kuli, że działa ona samodzielnie, nie można jej nic rozkazać, można ją jedynie poprosić. Nie chciałbym, żeby ktokolwiek wykorzystał ten przypadek do zastraszania ludzi. Teraz już nawet mówią, że to kula pomogła mi w występie na konferencji. Przecież to nie tak, nie mam z tym nic do czynienia, do tych plotek przyczyniła się prasa. Napisała, że w państwie „przeprowadzany jest eksperyment na wielką skalę", i jeszcze o mnie: „występował przez osiem godzin, takich mówców jeszcze nie spotkałem", a następna gazeta jeszcze dodała: „przy tym był świeżutki jak ogórek". Te wypowiedzi, delikatnie rzecz ujmując, były mocno przesadzone i nieprawdziwe.

Po pierwsze, występowałem sześć godzin, a dwie godziny dodali mi z mojego następnego występu. Co się tyczy pomocy, to rzeczywiście, ale bez użycia sił nadprzyrodzonych. W dniu poprzedzającym konferencję do Gelendżyka przyjechała Anastazja. Wieczorem powiedziała, że mam się dobrze wyspać. Zaproponowała mi do wypicia przed snem jakiś przywieziony z tajgi napar. Zgodziłem się go wypić, bo rzeczywiście ostatnio miałem problemy z zasypianiem. Kiedy się już położyłem, usiadła obok mnie, wzięła za rękę, jak nieraz w tajdze, i usnąłem, jakbym odleciał donikąd. Kiedy tak robiła w tajdze, zawsze wstępował we mnie spokój. Obudziłem się nazajutrz rano, za oknem była piękna pogoda. Samopoczucie wspaniałe, nastrój radosny. Na śniadanie Anastazja zaproponowała tylko cedrowe mleko. Wyjaśniła, żeby lepiej nie jeść mięsa, bo zbyt dużo energii pójdzie na trawienie i spalanie. A ja w ogóle nie pomyślałem o mięsie po tym mleku, bo po nim w ogóle nic się nie chce jeść.

Kiedy miałem wykład, Anastazji nie było obok. Przez jakiś czas stała skromnie wśród czytelników, a później w ogóle gdzieś znikła. Po tych wszystkich publikacjach pomyślałem w końcu, że Anastazja w jakiś sposób faktycznie mi pomogła. I wypomniałem jej:

— Czy ty, Anastazjo, zapomniałaś, że powinienem wyglądać na zmęczonego chociażby na końcu mojego występu? Po co napuszczasz na ludzi mistykę?

Ona zaśmiała się i odparła:

— Jaka mistyka jest w tym, że dobrze wypoczęty człowiek, w dobrym humorze rozmawia z przyjaciółmi? A to, że tak długo mówiłeś, to tylko z tego powodu, że zaplątała się twoja myśl, bo chciałeś ująć kilka wątków od razu. Można było mówić krócej i treściwiej budować zdania. Ale ty tego nie mogłeś zrobić także dlatego, że miałeś trochę ciasne buty, które uciskały nogi i od tego krew w żyłach krążyła z trudem.

No, to widzicie, jakie wszystko tak naprawdę jest proste, żadnej mistyki nie było także w moim występie.

Jestem biznesmenem. Miałem zamiar napisać obiecane Anastazji książki i wrócić do biznesu. Ale teraz moje zamiary się zmieniły, dlatego że inspiratorzy krytycznych artykułów w gazetach nadal zastraszają czytelników i ubliżają im, nazywając ich sekciarzami, czytającymi głupie, jak uważają, nie mające artystycznych wartości książki. Najbardziej ich drażni, że przy moim poziomie wykształcenia nadal odmawiam pomocy redaktorów. Już w ogóle doprowadziło ich do wściekłości to, że wydałem pięćsetstronicowy zbiór wierszy czytelników, a listów ani wierszy czytelników, z których składa się ten zbiór, nawet nie oddałem do korekty. W skład zbioru weszły listy z rozmyślaniami o życiu, o przeznaczeniu człowieka, o dzisiejszych dążeniach społeczeństwa. Te listy i wiersze, tak szczerze napisane przez ludzi w różnym wieku, o różnym poziomie społecznym i różnych wyznań. I niech te wiersze nie są tak zawodowo napisane, ale szczere.

To ich doprowadziło do takiego szału, że powiedzieli mi, iż bractwo pisarzy zetrze mnie w proch i nikt nigdy mnie nie uzna. A przecież mi nawet przez myśl nie przeszło rzucać komuś jako pisarz jakieś wyzwania. Nie zamierzałem, ale teraz, kiedy oni nawet prawie tłumaczą popularność książek tym, że Rosja jest krajem głupim, a wszyscy moi czytelnicy są głupcami albo sekciarzami, to teraz im pokażę! Zostanę pisarzem! Jeszcze trochę poćwiczę, poduczę się, poproszę o pomoc Anastazję i zostanę pisarzem. Napiszę nowe i jeszcze raz wydam już napisane książki w najlepszych wydawnictwach świata. Uczynię książki o Anastazji najlepszymi książkami naszego tysiąclecia. I tym samym odpowiem obecnym i przyszłym krytykom. A na razie powiem im tak: Panowie krytycy, żegnajcie! Odchodzę z Anastazją, może trochę naiwną, ale uroczą, dobrą i szczerą, odchodzimy w nasze nowe tysiąclecie, razem z ponad milionem czytelników, w których sercach żyje wspaniały i uduchowiony obraz. A co jest w waszych sercach, panowie krytycy? Fu... nie wpełzajcie w nasze nowe tysiąclecie, ale idźcie sobie, sami wiecie... do swojego, bo gdy nawet uda się wam wpełznąć w nasze, to i tak się w nim udusicie własną złością i zazdrością. W naszym tysiącleciu zacznie się wspaniałe stworzenie i będzie czyste powietrze, żywa woda i błogo pachnące sady. Będę w nim nadal wydawał zbiory z wierszami i listami czytelników. Mówicie, że wiersze w nich są okropne, a ja twierdzę, że wspaniałe. Do tego jeszcze będą kasety z pieśniami bardów o duszy, ojczyźnie i Anastazji. Twierdzicie, że każdy może tak brzdąkać na gitarze, a ja twierdzę, że śpiewają swą duszą. I dodam słowami Anastazji: „NIE ISTNIEJE W ŻADNEJ GALAKTYCE STRUNA ZDOLNA WYDAĆ PIĘKNIEJSZY DŹWIĘK NIŻ DŹWIĘK PIEŚNI DUSZY LUDZKIEJ".

Z początkiem nowego tysiąclecia pozdrawiam Was wszystkich, Szanowni Czytelnicy! Z rozpoczęciem wspaniałego Waszego tworzenia na ziemi! *Kim jesteśmy?* — tak chcę zatytułować następną książkę. Z wielkim szacunkiem, Szanowni Czytelnicy —

Władimir Megre

KONIEC CZWARTEJ KSIĘGI

Spis treści